U0535554

埃达·洛夫莱斯

史上第一位程序员

ADA LOVELACE
The Making of a Computer Scientist

〔英〕克里斯托弗·霍林斯
〔英〕厄休拉·马丁 著
〔美〕阿德里安·赖斯

柯遵科 单雯 译

商務印書館
The Commercial Press

Ada Lovelace: The Making of a Computer Scientist

by Christopher Hollings, Ursula Martin and Adrian Rice

Text © the contributors, 2018

All images, unless specified,

© Bodleian Library, University of Oxford, 2018

This edition published by arrangement with

The Chancellor, Masters and Scholars of the University of Oxford

Through Peony Literary Agency Ltd.

| 目录 |

前言　　　　　　　　　　　　　　　　　　　i
致谢　　　　　　　　　　　　　　　　　　　iii
人物介绍　　　　　　　　　　　　　　　　　iv

第一章　埃达·洛夫莱斯与科学进步　　　　　1
第二章　数学童年　　　　　　　　　　　　　11
第三章　早期影响　　　　　　　　　　　　　29
第四章　查尔斯·巴贝奇和思想机器　　　　　47
第五章　跟着摩根教授学数学　　　　　　　　61
第六章　成为数学家　　　　　　　　　　　　75
第七章　分析机　　　　　　　　　　　　　　91
第八章　数学谜题和猜想　　　　　　　　　　109
第九章　晚年生活　　　　　　　　　　　　　121

注释　　　　　　　　　　　　　　　　　　　129
延伸阅读　　　　　　　　　　　　　　　　　136
图片版权　　　　　　　　　　　　　　　　　138
索引　　　　　　　　　　　　　　　　　　　142

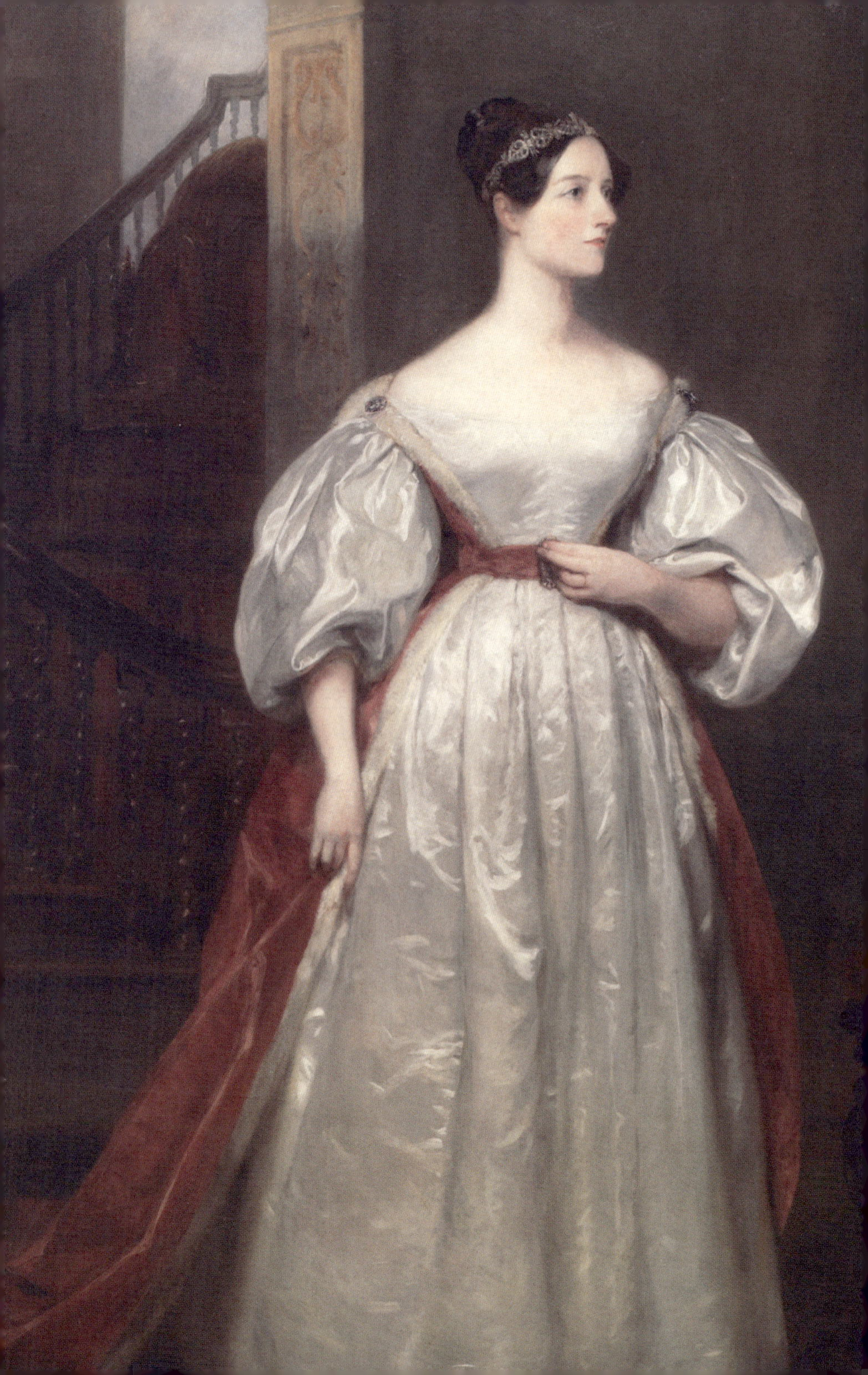

前言

埃达·洛夫莱斯伯爵夫人常被称为"第一位程序员",她编写的首套"程序"发表于1843年的一篇关于"分析机"的文章中,是一张写满数学算法的巨幅图表。分析机由英国数学家兼发明家查尔斯·巴贝奇(Charles Babbage)设计,遗憾从未得以问世。洛夫莱斯那篇文章翻译了意大利数学家路易吉·梅纳布雷亚(Luigi Menabrea)的法语科学报告,并附长篇注释。洛夫莱斯所作的注解篇幅几乎达原文的两倍之多,内容包含对分析机原理的描述和前景展望,其见解独到,至今令人叹服。

本书将基于家族信件等相关档案资料,探索埃达·洛夫莱斯与众不同又兼收并蓄的教育经历。埃达生于1815年,其父为浪漫主义诗人拜伦伯爵,其母安妮·伊莎贝拉受过良好的教育。在埃达满月时,父母离异,她由母亲抚养。埃达是个想象力丰富又聪明伶俐的孩子,自幼便痴迷数学和科学。当时,女性被大学和正规教育拒之

1 上页图:埃达·洛夫莱斯,玛格丽特·卡彭特绘于1836年。埃达当时20岁,被尊称为"金夫人"。她在信中打趣说:"我猜画家打定主意要展示我的宽下巴,我觉得应该在上面添上'数学'这个词。"

门外，她只能跟随家庭教师和私教学习，也因此结识了不少像玛丽·萨默维尔（Mary Somerville）和查尔斯·巴贝奇这样的科学精英。步入婚姻并养育三个子女后，埃达才开始学习高等数学。在近 18 个月的时间里，她与著名数学家奥古斯都·德·摩根（Augustus De Morgan）往来书信 60 余封，交往甚密，字里行间可见她出众的微积分水平和数学造诣：注重细节，擅长从基本原理开始推理思考，解决问题富有想象力。本书所及档案资料记录了埃达·洛夫莱斯和查尔斯·巴贝奇的合作，包括她关于巴贝奇"分析机"的文章，以及她如何倾心投入各种科学和社会工作，直至不幸英年早逝，年仅 36 岁。

洛夫莱斯-拜伦档案含 400 余箱家族文件，收藏于牛津大学的博德利图书馆。2016 年，图书馆与克莱数学研究所（CMI）合作，在利顿伯爵的大力支持下，启动了一个项目，使档案中的数学论文得以公开。双方合作的第一阶段是将埃达与奥古斯都·德·摩根的信件进行数字化处理：信件图像发布在 CMI 的网站上（www.claymath.org），并附有克里斯托弗·霍林斯（Christopher Hollings）的转录和评论。本书的出版进一步推动了这一计划，一些档案文件也首次以图像的形式公之于众。

致谢

在此感谢牛津大学博德利图书馆（Bodleian Libraries）、克莱数学研究所（the Clay Mathematics Institute）、英国工程和物理科学研究委员会（the UK Engineering and Physical Sciences Research Council）对本书的慷慨支持。其中，特别鸣谢以下诸位为本书出谋划策：琼·巴罗－格林（June Barrow-Green）、杰弗里·邦德（Geoffrey Bond）、玛丽·克莱宾森（Mary Clapinson）、理查德·福尔摩斯（Richard Holmes）、阿德里安·约翰斯通（Adrian Johnstone）、安·凯特尔（Ann Kettle）、彼得·诺伊曼（Peter Neumann）、西德尼·帕多瓦（Sydney Padua）、穆雷·彼托克（Murray Pittock）、米兰达·西摩（Miranda Seymour）、多伦·斯沃德（Doron Swade）、苏菲·沃林（Sophie Waring）、罗宾·威尔逊（Robin Wilson）和史蒂芬·沃尔弗拉姆（Stephen Wolfram）。

人物介绍

艾伯特亲王（Albert of Saxe-Coburg and Gotha, Prince Consort, 1819—1861），维多利亚女王的丈夫，科学拥护者，1851 年伦敦万国工业博览会的推动者。

安妮·伊莎贝拉·诺埃尔·拜伦（Anne Isabella Noel Byron, 1792—1860），又名安娜贝拉（娘家姓米尔班克），第 11 代温特沃斯女男爵、拜伦男爵夫人，教育改革家，埃达的母亲。

查尔斯·巴贝奇（Charles Babbage, 1791—1871），数学家、科学家，分析机的发明者。

伊桑巴德·金德姆·布鲁内尔（Isambard Kingdom Brunel, 1806—1859），英国工程师，推动了铁路、隧道和桥梁公共交通及土木工程领域的革命性发展。

乔治·戈登·拜伦（George Gordon Byron, 1788—1824），第六代拜伦男爵，伟大的诗人，浪漫主义运动先锋。

奥古斯丁-路易斯·柯西（Augustin-Louis Cauchy, 1789—1857），法国数学家，数学分析领域的先驱，他使微积分具有了严格的逻辑基础。

乔治·凯莱（George Cayley, 1773—1857），航空工程先驱，他发现飞行的数学原理并建造了首架载人滑翔机。

罗伯特·钱伯斯（Robert Chambers, 1802—1871），苏格兰出版商、地质学家，匿名出版了引发争议的《创世自然史的遗迹》(*Vestiges of the Natural History of Creation*, 1844)。

约瑟夫·克莱门特（Joseph Clement, 1779—1844），工程师、仪器制造商，于1824至1832年参与建造查尔斯·巴贝奇的首台差分机。

查尔斯·达尔文（Charles Darwin, 1809—1882），生物学家、地质学家，因提出进化论研究中的自然选择理论而闻名于世。

奥古斯都·德·摩根（Augustus De Morgan, 1806—1882），数学家、逻辑学家，伦敦大学学院首任数学教授。

索菲亚·德·摩根（Sophia De Morgan, 1809—1892），原姓弗伦德（Frend），社会活动家，威廉姆·弗伦德之女，奥古斯都·德·摩根之妻。

查尔斯·狄更斯（Charles Dickens, 1812—1870），维多利亚时代最伟大的小说家之一，与洛夫莱斯和巴贝奇相熟。

莱昂哈德·欧拉（Leonhard Euler, 1707—1783），瑞士数学家，在纯粹数学和应用数学领域做出许多重要发现。

迈克尔·法拉第（Michael Faraday, 1791—1867），英国科学家，在电磁学、电化学和科普方面做出伟大贡献。

威廉·弗伦德（William Frend, 1757—1841），数学家、社会改革者、作家。

阿格诺·德·加斯帕林（Agénor de Gasparin, 1810—1871），法国政治家、农业专题作家。

沃隆佐·格雷格（Woronzow Greig, 1805—1865），玛丽·萨默维尔第一次婚姻所生的长子，埃达·洛夫莱斯的友人。

威廉·罗恩·哈密顿（William Rowan Hamilton, 1805—1865），

爱尔兰物理学家、天文学家和数学家。

卡罗琳·赫歇尔（Caroline Herschel, 1750—1848），天文学家。天王星的发现者威廉·赫歇尔之妹兼全职助手，她本人发现过好几颗彗星，与玛丽·萨默维尔同为英国皇家天文学会的首批女性成员。

约瑟夫·玛丽·雅卡尔（Joseph Marie Jacquard, 1752—1834），法国商人，雅卡尔提花机的发明人。提花机上使用的穿孔卡启发人们将其用于编程机器，例如巴贝奇的分析机。

奥古斯塔·埃达·金（Augusta Ada King, 1815—1852），娘家姓拜伦，洛夫莱斯伯爵夫人，数学作家，常被称为史上首位计算机程序员。

威廉·金（William King, 1786—1865），物理学家、慈善家，拜伦夫人的友人。

第一代洛夫莱斯伯爵，威廉·金（William King, 1805—1893），地主，对农业经济兴趣浓厚，1835年与埃达·拜伦结婚。

狄奥尼修斯·拉德纳（Dionysius Lardner, 1793—1859），爱尔兰物理学家、科学作家，致力于科学普及工作，写过一篇关于巴贝奇分析机的通俗说明。

哈丽特·马蒂诺（Harriet Martineau, 1802—1876），社会理论家，其著作涉及社会学、宗教和经济学问题，多从女权主义视角立论。

卡尔·马克思（Karl Marx, 1802—1876），德国政治哲学家、经济学家、社会科学家，共产主义的开创者之一。

路易吉·梅纳布雷亚（Luigi Menabrea, 1809—1896），意大利军事工程师，曾任意大利总理。他对查尔斯·巴贝奇分析机的评述构成了埃达那本重要著作的基础。

弗洛伦斯·南丁格尔（Florence Nightingale, 1820—1910），社会改革家、统计学家，被誉为现代护理学的奠基人。

路易斯·普安索（Louis Poinsot, 1777—1859），法国数学家、物理学家，以其几何学研究最为闻名。

阿道夫·凯特勒（Adolphe Quetelet, 1777—1859），比利时天文学家、数学家和统计学家，将统计学方法引入社会科学研究。

玛丽·萨默维尔（Mary Somerville, 1780—1872），娘家姓费尔法克斯（Fairfax），科普畅销书作者，博学多才。

艾伦·图灵（Alan Turing, 1912—1954），开拓性的数学家、逻辑学家和密码专家，对理论计算机科学和人工智能发展有深远影响。

查尔斯·惠斯通（Charles Wheatstone, 1802—1875），科学家、发明家，为电报的出现做出重大的贡献。曾担任理查德·泰勒主办的《科学备忘录》（*Scientific Memoirs*）的编辑。

作者按

尊敬的埃达·拜伦（拜伦小姐）于 1835 年结婚，成为金夫人。1838 年，其夫获封为洛夫莱斯伯爵，埃达随之成为洛夫莱斯伯爵夫人，亦称洛夫莱斯夫人。为清楚起见，本书使用"埃达""埃达·拜伦"和"埃达·洛夫莱斯"三种称谓。

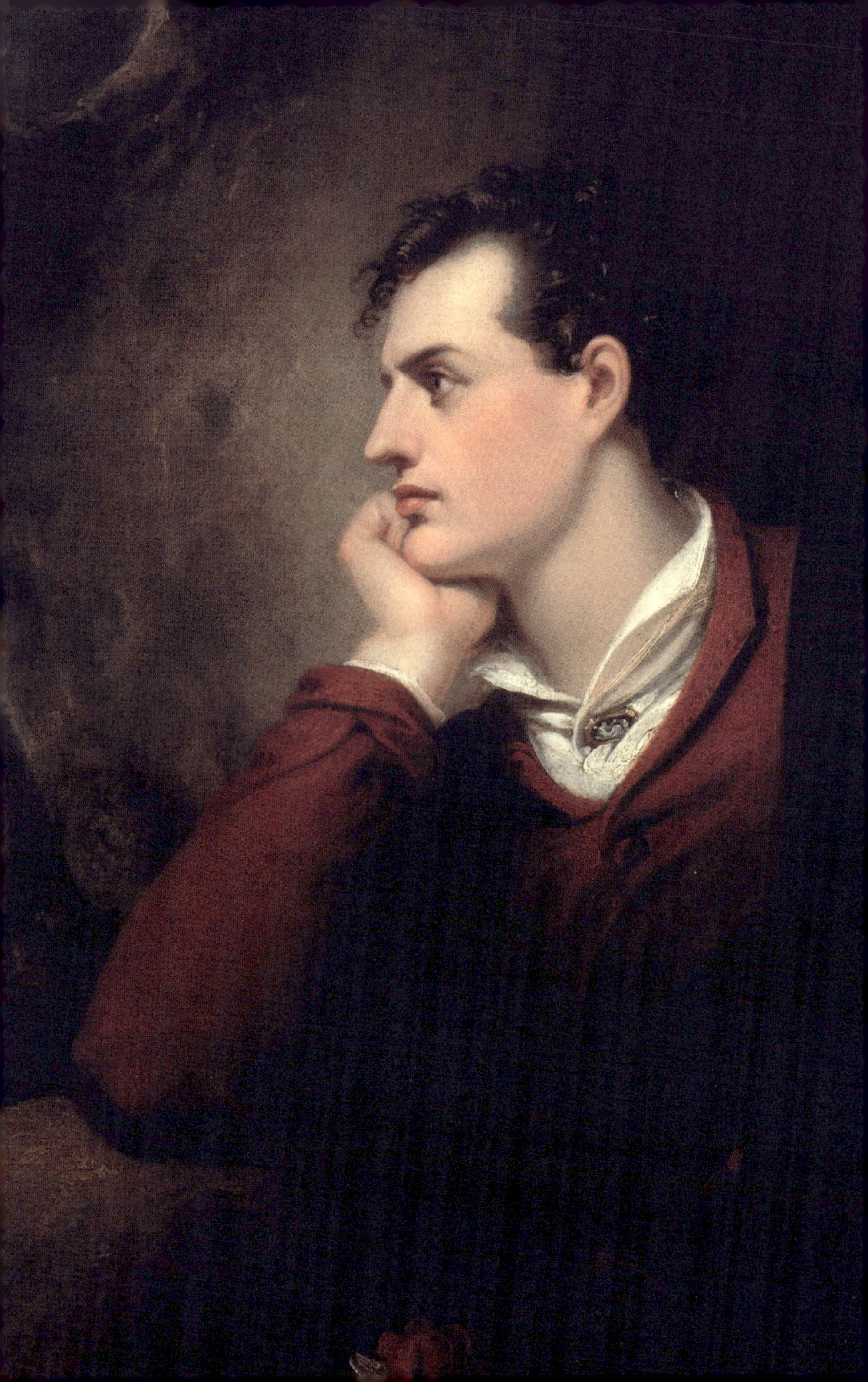

第一章
埃达·洛夫莱斯与科学进步

1815年12月10日,奥古斯塔·埃达·拜伦出生于其父拜伦勋爵(全名为乔治·戈登·拜伦)位于伦敦市中心的家中。当时,拜伦勋爵已是英国声名最显赫的诗人。埃达刚满月,父母就离异了,父亲随后移居法国。拜伦在名作《恰尔德·哈洛尔德游记》中哀叹这段离别:

> 可爱的孩子,你的脸可像你妈妈?
> 上次相见,你天真的蓝眼珠含着笑,
> 我的家庭和心灵的独养女儿,埃达!
> 然后分手了,——可不像这一遭,
> 那时还有希望。[1]
>
> (杨熙龄译,1959)

2 左页图:拜伦勋爵,理查德·韦斯特尔绘于1831年。

自此一别，父女二人未能再见。1824年，拜伦勋爵在希腊独立战争中死于热病。

埃达由母亲安妮·伊莎贝拉（又名安娜贝拉）抚养成人。伊莎贝拉的父亲拉尔夫·米尔班克爵士是一名下院议员，在达勒姆郡拥有大量地产和矿产，同时也是英格兰北部一个颇有影响力的知识分子社会改革团体的成员。拜伦夫人像许多和她有相同出身的女性一样，跟随私人家庭教师学习，接受了良好的教育。她师从威廉·弗伦德，学习数学和天文学。弗伦德是一位激进的思想家，以其不信奉国教的宗教信仰

3 拜伦夫妇的素描，卡罗琳·兰姆夫人绘于1815年左右。卡罗琳·兰姆是拜伦的旧情人，称拜伦为"疯子、坏蛋、危险分子"。

和古怪的数学思想而闻名。和夫人相比,拜伦所受的数学教育就有些相形见绌,他甚至连私人账目都记得一塌糊涂。起初,拜伦盛赞夫人为"平行四边形公主"[2],又在《唐璜》中以夫人为原型,塑造了唐娜·伊内兹(Donna Inez)一角。他笔下的唐娜简直与拜伦夫人本人如出一辙,"推算之术是她最心爱的科学"[3],而"她的思想是定律"[4](《唐璜》,查良铮译)。拜伦夫人晚年热衷办学,是当时颇有威望的教育改革家。她遵循瑞士教育改革家裴斯泰洛齐(Pestalozzi)的实用主义教育原则,将书本知识与体力劳动和实践技能相结合。伦敦的肯萨尔绿野公墓立有一座改革者纪念碑,上面刻着63位改革先驱的名字,包括约翰·斯图亚特·密尔、约瑟夫·普利斯特利和伊丽莎白·弗莱,拜伦夫人也名列其中。

从1815年拿破仑战争结束到1851年成功举办"万国工业博览会"(Great Exhibition),埃达·洛夫莱斯一生中见证了英国的发展繁荣。1851年的"万国工业

4 拜伦夫人安妮·伊莎贝拉·米尔班克(Anne Isabella Milloanke),威廉·亨利·莫特(William Henry Mote)于1833年依照威廉·约翰·牛顿(William John Newton)的肖像画雕刻而成。

5 伦敦万国工业博览会主展厅（水晶宫），出自《万国工业博览会图片集》，狄金森兄弟出版，1851年。

博览会"接待游客600余万人次，参展国家多达25个，其中最引以为傲的展品皆为英国本土的工程和技术成果，而这些技术创新都归功于蒸汽动力的发明和应用。1801年，英国工程师理查德·特里维西克（Richard Trevithick）发明了第一辆蒸汽驱动的火车"喷气魔鬼"（Puffing Devil）；第一条商业铁路于1825年开通运行；新的蒸汽机和相关工程技术创新使整个英国制造业焕然一新。与此同时，英国多年政局稳定，国泰民安，政府得以大力投资铁路、工厂和航运建设，并加速大

埃达·洛夫莱斯：史上第一位程序员

英帝国本土和殖民地的资源开发，促使英国经济实现史无前例的增长。

那时，不仅科学精英，而且越来越多的普通人，不论男女，都热衷于了解新思想。公众演讲和展示活动盛行一时，新成立的英国科学促进会（British Association for the Advancement of Science）年会吸引了数百人。在这些发展中，数学的地位日益提高，人们逐渐意识到数学的重要性和它在研究自然现象及社会现象（如观察星星、记录潮汐或分析收成）中所起的作用。这些研究成果逐步应用于导航、工程或农业领域，对相关数据可靠性的要求也随之提高——这些数据以往都是通过手工计算并以图表的形式呈现的。同时，弗洛伦斯·南丁格尔（Florence Nightingale）

6 弗洛伦斯·南丁格尔（Florence Nightingale）的"玫瑰图"（Rose Diagram）。她用图表来说明，在克里米亚战争中，英军死亡的主要原因是传染疾病（蓝色区域），而不是受伤（红色区域）。1859 年南丁格尔与哈丽特·马蒂诺（Harriet Martineau）合著《英格兰和她的士兵们》（England and Her Soldiers），扉页就是这幅图表。

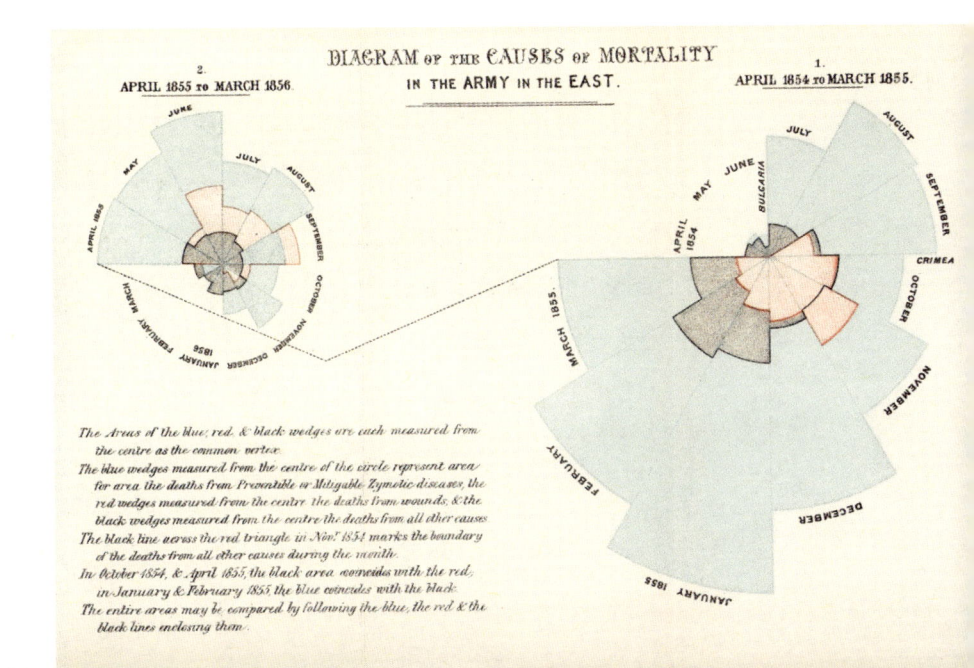

对克里米亚战争的数据分析有力地支持了医院需要抗击感染的观点（图6），统计学应运而生。尽管新兴的数学研究仍是绅士们的业余消遣，或者只是从事其他行业的人，比如大学老师、陆军和海军军官或精算师需要用到的。同时，数学及相关研究的兴起也为受教育的男性及少数女性创造了更多涉猎数学领域的机会。

19世纪，像拜伦夫人一样资助办学的人越来越多，英国社会慈善事业的发展，逐渐使几乎每个人都能接受免费的基础教育。应用数学发展迅速，算术和几何被用于会计、测量和导航等领域。有机会接受教育的年轻人，无论是接受正规教育的男生，还是像拜伦夫人这样接受家庭教育的女生，都学过代数，会解简易的方程，或是在天文观测过程中接触过几何学。在那个年代，众人追捧欧几里得几何学，坚信它有利于培养严谨的思维且极具实用价值。欧氏几何是基于点线的假设，并根据固定规则证明几何形状的定理。20世纪初，欧几里得几何已入选很多大学的必修课，但学生们也只是通过死记硬背复杂的证明来应付考试。拜伦勋爵当时就读于剑桥大学，而作为上议院议员，他得以免修本门课程。

数学在大众文化中以惊人的速度广泛传播。解几何题成为年轻女性的消遣活动；像《女士日记》这样的期刊也会刊登数学问题及读者的解答；天文学也开始博得大众喜爱；诗人们甚至在创作中引入复杂的数学意象。诗人柯勒律治（Coleridge）就如此描述过一群欧椋鸟："一会儿倾斜成圆形；一会儿成正方形；一会儿又聚集成球状；一会儿从完整的球体变成椭圆形……一会儿又凹成半圆形。"[5]

在大学或军事院校里，人们对数学的研究更深

7　拜伦夫人出席1840年由贵格会的威廉·斯图奇（William Sturge）组织的首届世界反奴隶制大会。在这幅由本杰明·罗伯特·海顿绘于1841年的图画中，拜伦夫人出现在头戴黑色大帽子的女人左边。

8 牛津大学最早的女子学院之一萨默维尔的学生生活图景,出自《图形》(*Graphic*, 1880 年 7 月)。

入,其中包括计算利息及潮汐或枪炮射击所涉及的微积分和几何学。埃达·洛夫莱斯早期的老师威廉·弗伦德和威廉·金博士(Dr William King)都深受这种教育影响。而她后期的导师查尔斯·巴贝奇和奥古斯都·德·摩根则是致力于改变这一现状的核心人物。二人都试图推进数学教育现代化,传播德法两国出现的新思想。微积分和欧几里得几何一样,必须按照规则严格地推导。

19世纪上半叶,像玛丽·萨默维尔和埃达·洛夫莱斯这样才华横溢的女性想要深入学习更高级的数学,也只能通过自学和以非正式的途径去图书馆或者参加科学会议。到19世纪中叶,随着几所女子学院的成立,这一情况才得以好转。奥古斯都·德·摩根曾在伦敦贝德福德广场(Bedford Square)的女子学院任教。该女子学院成立于1849年,是世界上最早专为女性提供大学教育的机构之一。格顿学院(Girton College)始建于1869年,是第一所设在剑桥大学内的女子学院。到19世纪20世纪之交,已有数百名女性学习数学达到了学位水平。

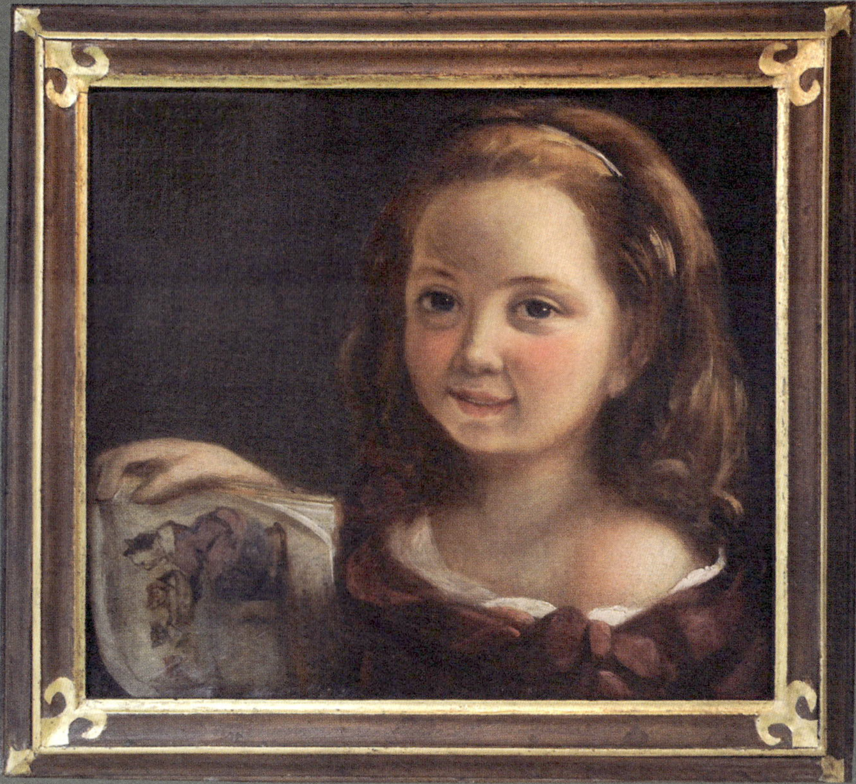

第二章
数学童年

埃达·洛夫莱斯自幼"聪慧开朗"[1]，不到3岁就跟着母亲学习语言。到她5岁时，母亲任用拉蒙特小姐为临时家庭教师，并为女儿定制了紧密的学习日程：

> 早上，学习算术、语法、拼写、阅读、音乐，每堂课不超过一刻钟；晚饭后，学习地理、绘画、法语、音乐、阅读；每堂课上都得保持活力，但也得听老师的话。[2]

这日程看似严格，在当时却不足为奇。母亲还要求埃达纹丝不动地躺在一块木板上，只要身体动一下就会惩罚。奖惩采用奖券制度，奖金可以用来买一本好书。

拜伦夫人经常外出，遂请拉蒙特小姐记教学日志。

9 左页图：6岁的埃达·拜伦，学会的画家阿尔弗莱德·德奥赛伯爵（Count Alfred d'Orsay）为她的父亲绘于1821年左右。

1821 年 5 月，拉蒙特小姐记录道：

> 开始给拜伦小姐上课，第一次试着教了算术，她已经可以做五六行数字的求和，计算过程有条不紊，准确无误。我看她似乎对演算本身也颇有兴趣。[3]

10 《家庭教师》，理查德·雷德格雷夫（Richard Redgrave）绘于 1844 年。

家庭教师还需要代埃达给拜伦夫人写信:

> 我非常想让妈妈高兴,这样她跟我在一起就会很快乐。这个法国人似乎不像其他人那么好玩——有天晚上,我赌气说自己不喜欢算术,也不想学数字,现在想想,那是相当鲁莽而愚蠢的。如果我努力的话,求和可以做得更好。躺在木板上的练习还可以做得更好,我可以一动不动地躺着。[4]

11 埃达·拜伦6岁时的日常活动,包括学习音乐、法语、算术、刺绣和户外运动。

当然，也会有些放松的时刻，偶尔会学学女红或在园子里散散步，玩"扮马的游戏，每到此时，老远都能听到她们模仿马的叫声"[5]。

裴斯泰洛齐[*]的教育原则鼓励实践出真知：

> 早晨，埃达会和老师一起，照着裴斯泰洛齐的模型，用木砖盖房子。埃达全程都很活跃，尤其想到可以围起一座城市，在里面盖高楼，就兴奋不已。可她又偏偏不爱照搬模型，只喜欢随性盖房子。[6]

还有一次，埃达在信中向母亲描述了解剖蜻蜓的过程：

> 我们先打开蜻蜓的脑袋和眼睛，然后打开嘴，能看到一个极小的粉红色舌头。我们刚抓住它放到镜片下的时候，蜻蜓是活着的，可当我们打开它的眼睛看到里面的东西时，它就死了。[7]

---

[*] 裴斯泰洛齐（Johan Heinrich Pestalozzi, 1746—1827），19 世纪瑞士著名的民主主义教育家，是西方教育史上第一位将"教育与生产劳动相结合"这一思想付诸实践的教育家。

ST MICHAEL'S VOLCANO.

Well! this is a wonder of wonders to me!
Such volumes of fire bursting out from the sea!
With lava, and ashes, and sulphurous smell,
I'm surpris'd that the sailors can bear it so well!
Yet all must desire the eruption to view,
And if I were there I might feel anxious too.

London Published July 1 1821 by J. Harris & Son corner of St Pauls.

12 和当时的很多人一样，年轻的埃达·拜伦痴迷于关于火山的报道。她的日记提到了 1768 年冰岛爆发的海克拉火山。1811 年，一次海底火山爆发形成了亚速尔群岛外的萨布丽娜岛，1821 年由 Harris & Son 出版的儿童读物《奇迹》(*Wonders!*) 中有形象的描述。

第二章　数学童年

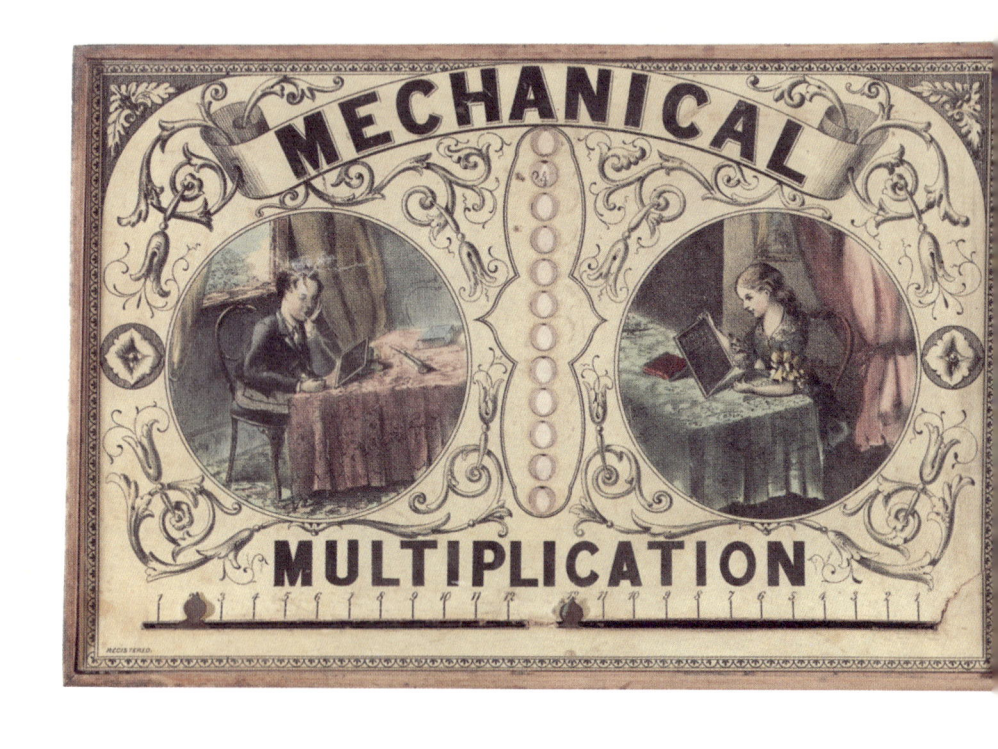

埃达也沉迷于地理,她写道:

> 地理简直太迷人了!您知道吗?挪威有很多原始森林,那里的海岸线非常险峻,海浪有时候比房子还要高。冰岛随处可见奇山怪石,发出诡异的声响,有的会喷出火焰,有的还流出液体来。[8]

13　机械乘法:19世纪儿童数学难题。

随着埃达一天天长大,母亲开始亲自接管她的教育。埃达在信中热情洋溢地谈论意大利语、音乐、绘画和地理,还有她的猫和意外降临的小猫崽们,总结周日布道,当然还有她钟爱的数学。10 岁时,埃达在给母亲的信中提到"三数法则"(rule of three,等比关系):

> 我一直没搞懂用"三数法则"求总数。您说,如果 750 人每月可以得到 22,500 份面包,那么 1200 人的驻军需要多少份呢?[9]

"三分法"是求解未知数 z 的过程,a、b、c 为已知数。如果:

$$\frac{a}{b} = \frac{c}{z}$$

那么 $z = b\frac{c}{a}$

在上题里,a 等于 750,b 等于 22,500,c 等于 1200。因此,经过简单的乘除法计算,结果应该是:

$$z = 22,500 \times \frac{1200}{750} = 36,000$$

在信中,埃达还表示"非常希望能在除法运算中

"How many different kinds of earth have you obs[erved]
6. viz: chalk, gravel, clay, mould, sand and s[late]
"What are the uses of each kind in agriculture, a[rts]
and manufactures?"
Chalk is used in medicine, for building, for m[aking?]
for making starch, and for marking with.—
Gravel is used for making walks and roads.—
Clay is used for making china, for bricks and
tiles, and for forming the bottoms of canals an[d]
ponds.— Mould is used for growing plants upon[.]
Sand is used for making glass, for mortar, [for]
earthenware, for cleaning pots and pans, for
manure and for drying writing.— Slate is used f[or]
roofing houses, for writing upon, and for drawing
writing with; for cleaning iron, for making [pencils?]
and for ornamental vases & inkstands.—
"Were the first settlements of men, made on moun[tains]
or in vallies.?"
The vallies[...]
"Why is one situation superior to the other?"

176

...tuation in a valley is superior to one on a
...tain, because it is much more sheltered & accessible
...leys are also much more fertile than mountains.

...ll answer the other questions about the valleys &
...tains, as soon as Mama has got the books
...mentioned. —

...ad not till Mama showed me, understood
...uns ~~that were in~~ where both multiplication and
...ion signs were used, in consequence of which
...former examples must have been wrong, as
...ought they were as follows: $5 \times 2 = 10$ to which
...$3 = 13$ ~~which~~ multiplied by 4 gives 52, instead of
...$= 10$ to which add $3 \times 4 = 12$

$2 \times 5 = 10$ $2 \times 5 + 3 \times 4 = 22$
$2 \times 5 \times 3 = 30$ $3 \times 4 + 5 \times 6 = 42$
$3 \times 8 \times 7 \times 4 = 672$ $4 \times 6 + 5 \times 7 = 59$
$4 \times 5 \times 6 \times 7 = 840$ $5 \times 6 + 7 \times 8 = 86$
$5 \times 6 \times 7 \times 8 = 1680$ $6 \times 7 + 8 \times 9 = 114$
$6 \times 7 \times 8 \times 9 = 3024$ $6 \times 8 + 7 \times 9 = 111$
$7 \times 8 \times 9 = 504$ $6 \times 9 + 7 \times 8 = 110$
$8 \times 9 \times 11 = 792$ $7 \times 11 + 12 \times 13 = 233$
$9 \times 11 \times 12 = 1188$ $7 \times 12 + 11 \times 13 = 227$
$11 \times 12 \times 13 = 1716$

掌握余数的概念"[10]，并补充道：

> 等您回来的时候，我可能已经学了一些小数的知识呢。我试了试二重的三数法则，但还没完全搞明白，可我不会放弃的。[11]

二重的三数法则类似于三数法则，但涉及更复杂的分数。通常，学生们只会死记硬背公式，埃达却一心想领会公式背后的意义。正如她对母亲说的那样："书本没您教得好。"[12]

12岁时，埃达开始接触欧几里得几何，这得益于母亲"留下的几何方面的趣味手册……，我觉得有趣极了"。虽然她承认"有点害怕定理"，但她也下决心"尽我所能，大胆地战胜它们"。[13]

1829年12月，埃达刚13岁，在她当时的一张草稿纸（图14）上，写满了对河流、山脉和山谷方面的地理学问题的解答。再往下则是算术题。我们看到，小姑娘绞尽脑汁地算着$5\times2+3\times4$：

> 要不是妈妈给我讲，我始终不会明白同时使用乘法和加法符号的规则，那样上面那道例题肯

14 前页图：13岁的埃达·拜伦对算术法则的思考。

定会做错，因为我认为它们是这样的：

5×2=10，10加上3等于13，然后乘以4，等于52，

而不是5×2 = 10，加上3×4 = 12。[14]

那张草稿纸右下角写着演算结果，印证了拉蒙特小姐早前对埃达的判断。小姑娘的确对数学兴趣浓厚，解题也很准确。在这些童年的往来信件中，我们不难看到一个聪慧、好奇又顽强的孩子，她注定会继续学习更高级的数学，并乐在其中。

埃达的父亲更想让她学习音乐和意大利语。可在拜伦去世前不久，也就是埃达8岁的时候，拜伦夫人告诉他，女儿的想象力"和她在机械方面的创造力密不可分，她志在投身于船舶制造"。[15]

1828年，12岁的埃达在给母亲的信中，提到了"飞行"：

> 今天我飞得特别好，您也一定会说我在那项训练中进步很快。[16]

至少在欧洲，人们将第一批飞行器的设计归功

15 下页跨页图：12岁的埃达·拜伦在给母亲的信中叙述了她关于"飞行"的想法。

To day I have been flying particularly well, and I think you would will readily say I have much improved in that exe[rcise].

My wings are going on prosperously, but do not expect to see a pair of well proportioned wings though, they are qu[ite] sufficiently so for me to explain to you all my ideas on the subject of flying.

As soon as I have brought flying to perfection, I have got a scheme ~~about a scheme~~ about a,

(pardon my dirty blot), steamengine which, if ever I effect it, will be mo[re] wonderful than either steampackets o[r] steamcarriages, it is to make a thing in the form of a horse with a steam[engine] in the inside so contrived as to move immense pairs of wings, fixed on the outside of the horse, in such a mann[er]

...ous near Canterbury, Saturday. 9th February, 1828.

My dearest Mammy, I received your ... little letter this morning & am ... glad that you are pleased with ... letter and that you gradually improve. Mrs Puff desires me to express to you ... sense of the honour you do her in ... ing to be godmother to her eldest ...ghter — I cannot conceive what you ... me to understand by the word "...hales"! placed quite alone in the ...ddle of your letter with three scratches ...er the h and a note of admiration ... the end; pray explain it's meaning ... me. Tomorrow I intend to write to ... Tamworth — When I sent my ... to you yesterday I had not yet ...ed at the Sermon "On the duties of ...dren to their parents"; I read it ...terday evening and like it particularly ... is a great deal in it which relates

于列奥纳多·达·芬奇（Leonardo da Vinci）。而在1783年，得益于多年前氢气的发现，蒙戈尔菲耶兄弟（Montgolfier brothers）在巴黎完成了首次热气球载人飞行。尽管随着火车的到来，热气球成为公共交通工具的梦想幻灭了，热气球飞行仍然是众人不惜代价追捧的美好愿景——1828年，就有一位名叫哈里斯的先生在克罗伊登附近迫降热气球时不幸遇难，而他的同伴斯托克小姐幸存下来。众人前赴后继，向往天空。那么，一个12岁的极富想象力和科学热情的孩子痴迷于人类飞行的理念，也不足为奇。

事实上，除了向往飞行，埃达还恳请母亲找来一本关于鸟类解剖的书。她觉得"观察一只死乌鸦的翅膀是充满乐趣的"。埃达迫不及待地向母亲展示她用纸、丝绸和羽毛制成的翅膀：

> 我做的翅膀好得很，不过，您可不要指望看到一对完美对称的翅膀，可它们足以表达清楚我关于飞行的所有想法。[17]

埃达还想写一本关于"飞行学"的书，她甚至不满足于滑翔机，而是计划用当时最先进的蒸汽技术来

16　乔治·凯利爵士设计了各种试验滑翔机,其中一架在1849年搭载着一个10岁的男孩飞行了500码。1852年9月25日出版的《机械杂志》上介绍了这款"可操控降落伞",其设计初衷是从一个气球上释放降落伞,然后滑行回地面。乔治·凯利有生之年很可能并未造出这样的降落伞。

驱动飞行器（图15）。1828年，在第一条商业铁路建成几年后，她写道：

> 一旦我完善了飞行装置，我会有一个……蒸汽引擎计划。一旦成功，它会比蒸汽套管或蒸汽车厢还要奇妙。我打算做一个形状像马的东西，内部装一个蒸汽引擎，用来驱动马身上一对巨大的翅膀，这样就能让人坐在马背上，一起带上天。[18]

当然，埃达自己也意识到这并非易事，得一步一步来：

> 这一终极计划可能比我的飞行计划面临更多的困难和挑战，但我仍然相信这是可能实现的。如果飞行装置成功，我定会大受鼓舞，着手尝试我的"飞马"。[19]

想象力丰富的埃达只是超前于她的时代一点点。19世纪40年代，英国工程师乔治·凯利爵士（Sir George Cayley）在确立倾斜机翼表面产生升力的原理后，设计了人类历史上第一架载人滑翔机。1842年，以蒸汽为动力的飞行器"空中蒸汽马车"获得了专利，可惜从未问世。

第三章
早期影响

拜伦夫人继续负责女儿的教育,并在埃达刚过 13 岁生日时,咨询她的医生朋友威廉·金博士。她如是总结女儿的数学知识:

> 仅限于算数知识,代数包括佩斯利的《实用几何》第一部分的内容。目前关于这些主题的材料仅限于数值的一般概念,没有应用方面的问题,只稍稍了解佩斯利书中第一部分涉及的问题。不过,我看她倒是颇有兴趣。[1]

本着裴斯泰洛齐的实用精神,这本几何参考书给出详尽的技术图纸制作说明,测量员或工程师不用进行任何代数或欧几里得几何运算,可以直接借鉴这些图纸。

17 左页图:《双重彩虹的风景》(*Landscape with a Double Rainbow*),纸面油画,约翰·康斯特布尔(John Constable)绘于 1812 年。

18 "太阳系示意图",摘自约翰·邦尼卡斯尔(John Bonnycastle)的《天文学导论》(*An Introduction to Astronomy*, 1786)。这本书有很多版本,为"缺乏足够的数学知识却想读懂牛顿,或其他天文学名家作品的人"普及了天文学的基本原理。

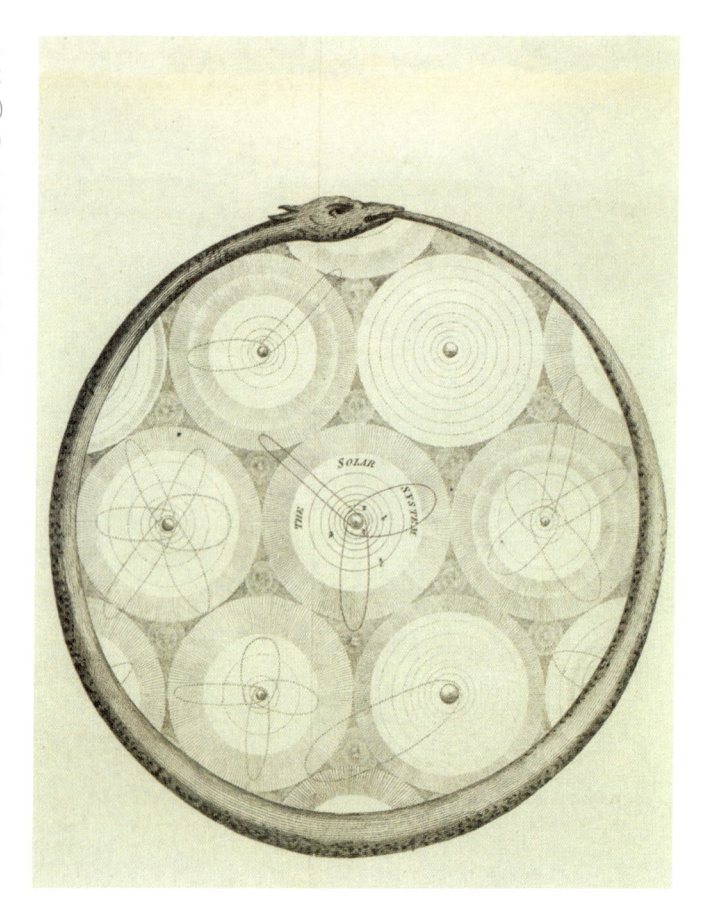

不过，拜伦夫人似乎更重视女儿的"道德、历史和政治经济学"教育，这也是她当时的兴趣所在。当然，她也想让埃达研究"博物学的原理"，她认为女儿：

> 新学的知识仅限于少数孤立的事实。对自然现象的成因及其分类有极大的兴趣。培养这种兴趣，能让人有针对性地投入精力，避免因沉溺于情感或抽象的思维习惯导致任何不良影响。[2]

当时年事已高的威廉·弗伦德给拜伦夫人写了多封长信，和她谈论宗教问题。他也对埃达的科学教育产生了兴趣，鼓励她独立思考，不要依赖书本：

> 拜伦小姐的天文学学得如何？下个月末，将迎来一个观测木星的良机。希望你有一架不错的天文望远镜，可以趁机描绘这颗行星和其卫星的草图，并在接下来的几晚观察它们的位置变化，想必会很有趣。运气好的话，她还可以目睹几次日食和掩星现象，这绝不是书本上可以学来的。她甚至可以大胆预测即将出现的天文现象，并通

Fordhook
15th March
183

Dear Mr Frend

You have always been very goodnatured to me, & have seemed exceedingly willing to answer any ignorant questions. I shall be very grateful if you will be kind enough the first time you have a few spare moments, to write me a letter about rainbows. I am very much interested on the subject just now, but I cannot make out one thing at all, viz: why rainbow always appears to the spectator

过自己的观察加以证实。[3]

19 世纪早期，随着天文学书籍和杂志的普及，公众对天文学的兴趣与日俱增。人们痴迷于威廉·赫歇尔（William Herschel）的天文发现和他设在温莎附近的 40 英尺（约为 12 米）的巨型望远镜，并且追捧其妹卡罗琳——"彗星猎手夫人"的作品。

不幸的是，收到弗伦德的信不久后，埃达就染上了麻疹，并发症使她卧床数月，不得已中断了学业。但整个青少年时期，埃达都保持着对数学和科学的热情。1834 年，在给威廉·弗伦德的信（图 19）中，埃达谈到了"彩虹"：

> 最近，我对这个话题很有兴趣，却有点摸不着门道。您说，为什么我们看到的彩虹是圆弧状的？为什么是曲线，又为什么是圆而不是其他曲线？我能搞清楚颜色是如何分离的，也明白不同颜色是最初的入射光线沿不同角度折射形成的。可是我对霓（副虹）恐怕就不太清楚。[4]

当时，彩虹背后的数学理论仍是未解之谜，可埃

19 对页图：1834 年 3 月 15 日埃达·拜伦给母亲的朋友也是她母亲以前的导师威廉·弗伦德的信，咨询关于"彩虹"的数学问题。

20 跨页图：埃达·拜伦的数学笔记手稿（日期不详）。手稿中含一张图表，埃达向金博士提出对毕达哥拉斯定理中一个用三角形替代通常的正方形的变换的疑惑。

第三章　早期影响

$$\sin \tfrac{1}{2}a = \sqrt{\tfrac{1}{2}R^2 - \tfrac{1}{2}R\cos a}$$

for $\cos a$ put $\pm\sqrt{R^2 - \sin^2 a}$

$$\sin \tfrac{1}{2}a = \sqrt{\tfrac{1}{2}R^2 \mp \tfrac{1}{2}R\sqrt{R^2 - \sin^2 a}}$$

Let $\sin \tfrac{1}{2}a = \tfrac{1}{2}\sqrt{R^2 + R\sin a} \mp \tfrac{1}{2}\sqrt{R^2 - R\sin a}$

$$\tfrac{1}{2}R^2 \mp \tfrac{1}{2}R\sqrt{R^2 - \sin^2 a} =$$

$$= \tfrac{1}{4}R^2 + \tfrac{1}{4}R\sin a + \tfrac{1}{4}R^2 - \tfrac{1}{4}R\sin a \mp 2\times\tfrac{1}{2}\times\tfrac{1}{2}\sqrt{R^2 + R\sin a}$$

$$\mp \tfrac{1}{2}R\sqrt{R^2 - \sin^2 a} = \mp \tfrac{1}{2}\sqrt{R^2 + R\sin a} \times \sqrt{R^2 - R\sin a}$$

$$= \mp \tfrac{1}{2}\sqrt{R^4 - R^2\sin^2 a} = \mp \tfrac{1}{2}R\sqrt{R^2 - \sin^2 a}$$

$$\mp \tfrac{1}{2}R\sqrt{R^2 - \sin^2 a} = \mp \tfrac{1}{2}R\sqrt{R^2 - \sin^2 a}$$

$(a \pm b)^2 = a^2 + b^2 \pm$

$(a - b)\times$
$= a^2 - b^2$

$$\frac{9 \times 8}{2} = 36$$

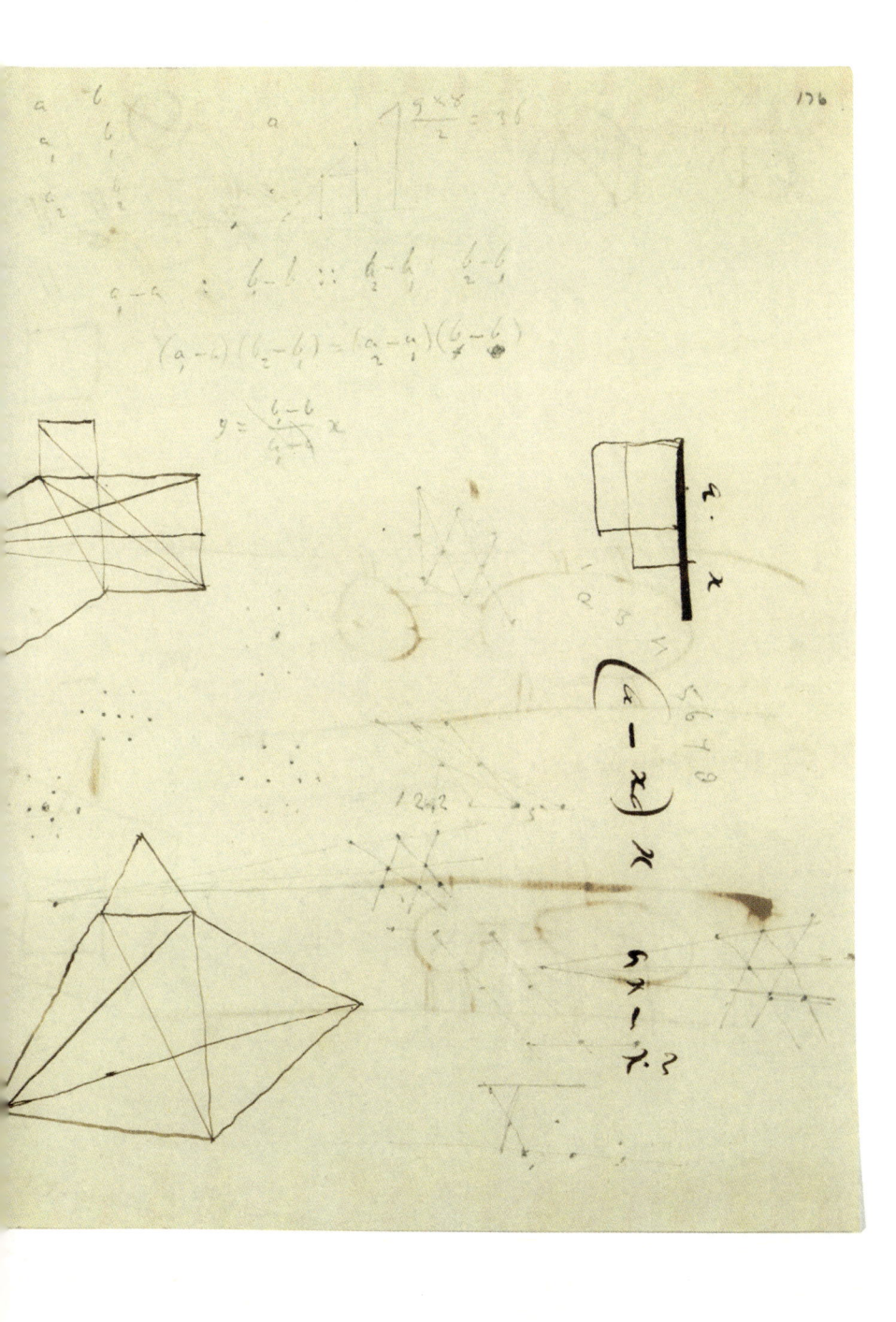

$$a_1 - a_1 : b_2 - b_1 :: \frac{b_2 - b_1}{?} , \frac{b_2 - b_1}{?}$$

$$(a_1 - a_1)(b_2 - b_1) = (a_2 - a_1)(b_1 - b_1)$$

$$y = \frac{b_2 - b_1}{a_2 - a_1} x$$

达已然猜出十之八九：

> 是不是因为观看者的眼睛刚好在彩虹弧线所在的圆的中心？[5]

为了填补自己数学学习上的知识空白，埃达在1834年又给金博士写了封求助信。她说：

> 我真心想学好天文学、光学等课程，可因为缺乏基础数学知识，结果并不尽如人意。[6]

埃达说，她需要的是纯数学课程，其中包含基础算术、代数和几何。于是，金博士推荐了一种相当传统的教学方法。埃达欣然接受，满心欢喜地投入欧几里得几何的学习。过了两周，埃达就迫不及待地告诉金博士：

> 到现在为止，我觉得欧几里得几何简直太棒了。一般情况下，我每天学习四个新的命题，并复习一些旧的命题。真希望能在一周内做完第一本书。[7]

几何中一个经典理论的定理，是毕达哥拉斯定理。

21 "毕达哥拉斯定理证明"，奥利弗·伯恩于 1847 年出版的欧几里得《几何原本》前六册。这本书用彩色图画而不是文字来推导证明，形式非常新颖。

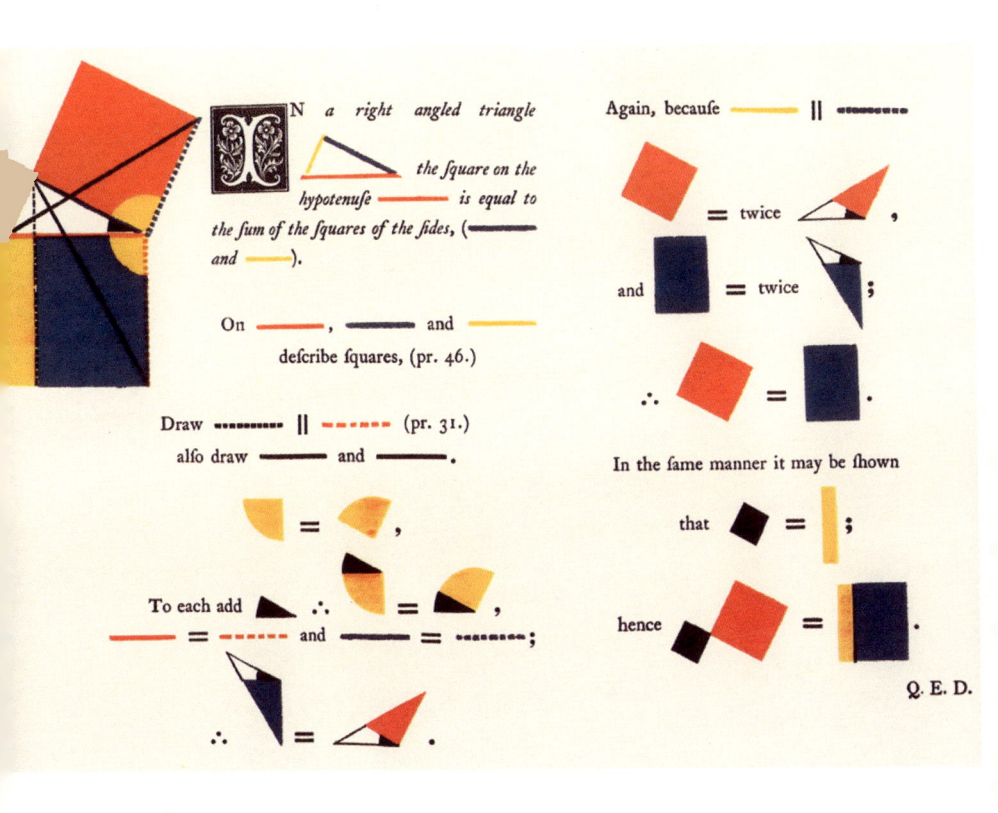

第三章　早期影响

22 "几何模型",乔治·亚当斯（George Adams）制于 1750 年左右。埃达·拜伦有许多这样的木制模型,用以证明几何原理。

根据该定理,在直角三角形中,斜边的平方等于两条直角边的平方和。到了 4 月中旬,埃达开始自己推测毕达哥拉斯定理的变化。在给金博士的信中,她写道:

> 根据这个定理,是否也可证明:以一个<u>直角三角形</u>的两条<u>直角边</u>和<u>斜边</u>构建的三个等边三角形中,以两条直角边构建出的三角形面积之和是否等于以斜边构建出的三角形的面积?我也是恍

埃达·洛夫莱斯:史上第一位程序员

然大悟，想到如果以直角三角形的三条边构建<u>等边四边形</u>，也是同样可证明的。[8]

一种证明方法是看到等边三角形的面积与对应的正方形的面积成正比。因此，斜边上正方形的面积是另外两个正方形的面积之和，那么斜边上三角形的面积也是另外两个三角形的面积之和。

金博士希望埃达能依照他多年前在剑桥学习数学时的那种传统方式，靠死记硬背欧几里得几何学中的部分内容来应付考试，而不要去尝试新的想法或得出新的证明。但短短七个星期之后，学生的数学水平就赶超这位新晋老师了。他稍有歉意地说"你很快就会难倒我了"。[9]

几乎在同一时间，埃达结识了玛丽·萨默维尔。她是威廉·弗伦德引荐的最佳人选，"这位小姐的科学造诣和她的亲和力一样出众"。[10]虽和金博士同代，但萨默维尔对数学的理解更为透彻，她也是埃达遇到的第一位实践型科学家。萨默维尔和卡罗琳·赫歇尔都是首批入选英国皇家天文学会的女会员，大概也是当时英国仅有的能靠数学赚钱的女性。赫歇尔得到了王室的津贴，萨默维尔则出版了畅销教科书，其

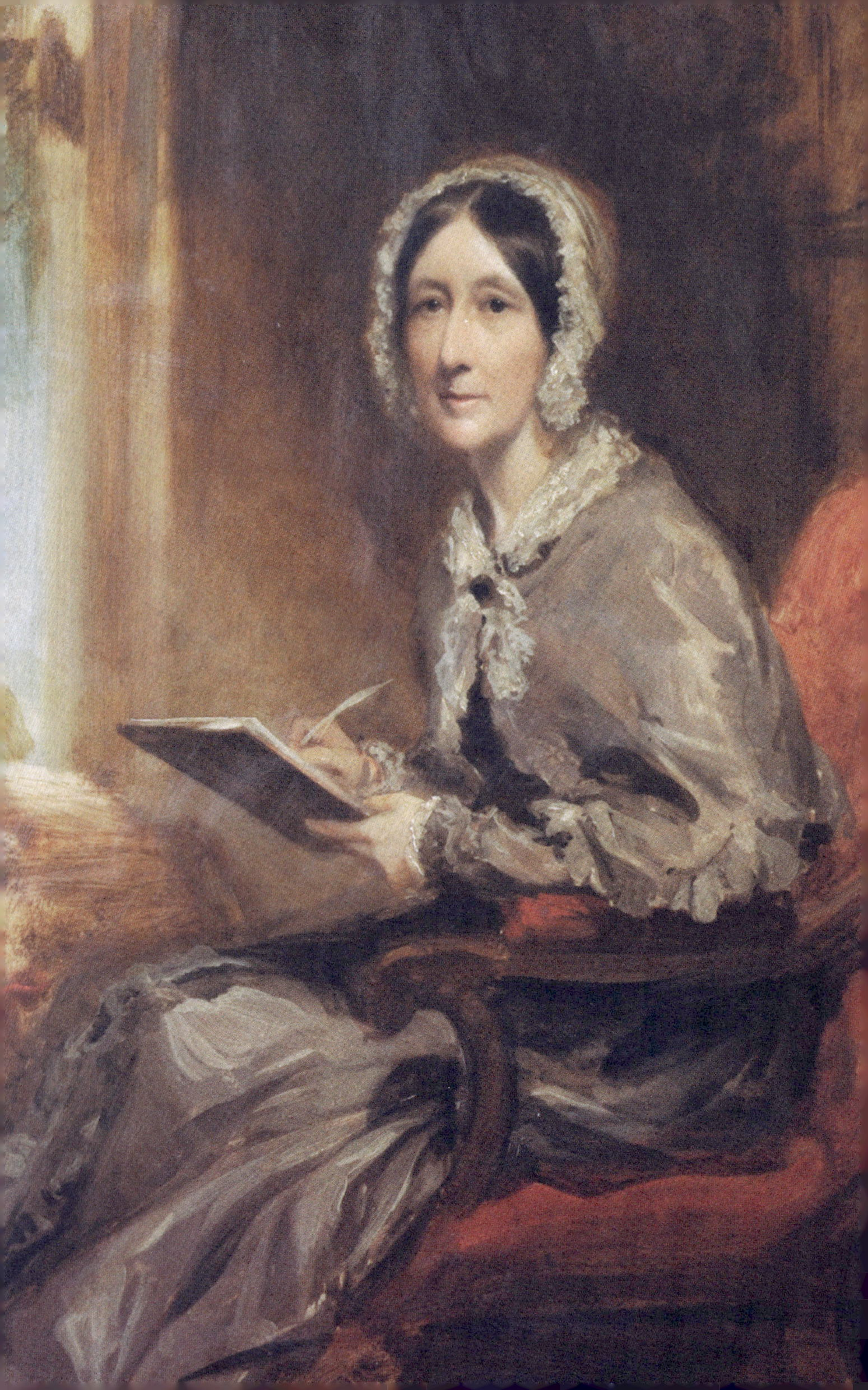

中包括她翻译的法国数学家拉普拉斯的《天体力学》（*Mécanique Céleste*）。

埃达·拜伦曾随萨默维尔一家出入伦敦科学与文学协会。1833年，在初次参加宫廷社交活动时，埃达遇到了查尔斯·巴贝奇。萨默维尔的儿子沃隆佐·格雷格（Woronzow Greig）还向埃达介绍了他的好友威廉·金勋爵（Lord William King）[11]，这是位文静博学的绅士，比埃达年长10岁。两人一见倾心，后于1835年成婚。勋爵和夫人志趣相投，都对科学颇有兴趣，也十分支持妻子的爱好。威廉尤其爱钻研农业科学，晚年时则在自家的农庄里研究精巧的建筑项目。夫妇二人在伦敦圣詹姆斯广场有一处公馆，在萨里郡和萨默塞特郡有两个乡村庄园，安享乡绅生活。威廉于1838年成为洛夫莱斯伯爵，并于1840年成为萨里郡的郡长。夫妻二人育有三子，拜伦（Byron）、安妮贝拉（Anabella）和拉尔夫（Ralph）分别于1836年、1837年和1839年出生。

荣升为洛夫莱斯伯爵夫人后，埃达仍致力于研究数学，并保持与玛丽·萨默维尔的通信往来：

> 我现在每天都研读数学，主要研究三角函数、

23 上页图：玛丽·萨默维尔自画像。

24　下页图：威廉·洛夫莱斯伯爵，铅笔素描，弗雷德里克·萨金特（Frederick Sargent）绘于1870年左右。埃达于1835年嫁给洛夫莱斯伯爵。

三次方程和二次方程。所以你瞧，婚姻并没有消减我对数学的兴趣，也不会动摇我继续追求它的决心……[12]

在一封信中，她寻求玛丽·萨默维尔的建议，问她如何获得木制模型，以帮助将球面三角学中的事实可视化：

> 如果三个大圆相交，它们会把球体分成八个球面三角形。任何一个圆都将球面分割成两个半球，每个半球又会有四个球面三角形，这四个三角形的边和角分别与另一个半球的四个三角形的边和角相等。每两个三角形都有一个三角形的角和另一个三角形的角相等，这些角的对边分别相等，其余的边和角是互补的。[13]

玛丽·萨默维尔在称赞埃达的科学兴趣之余，也感谢她随信寄来的一顶绣花帽子，鼓励她多关心家务事：

> 很开心能收到你亲手绣的这顶帽子，这表明

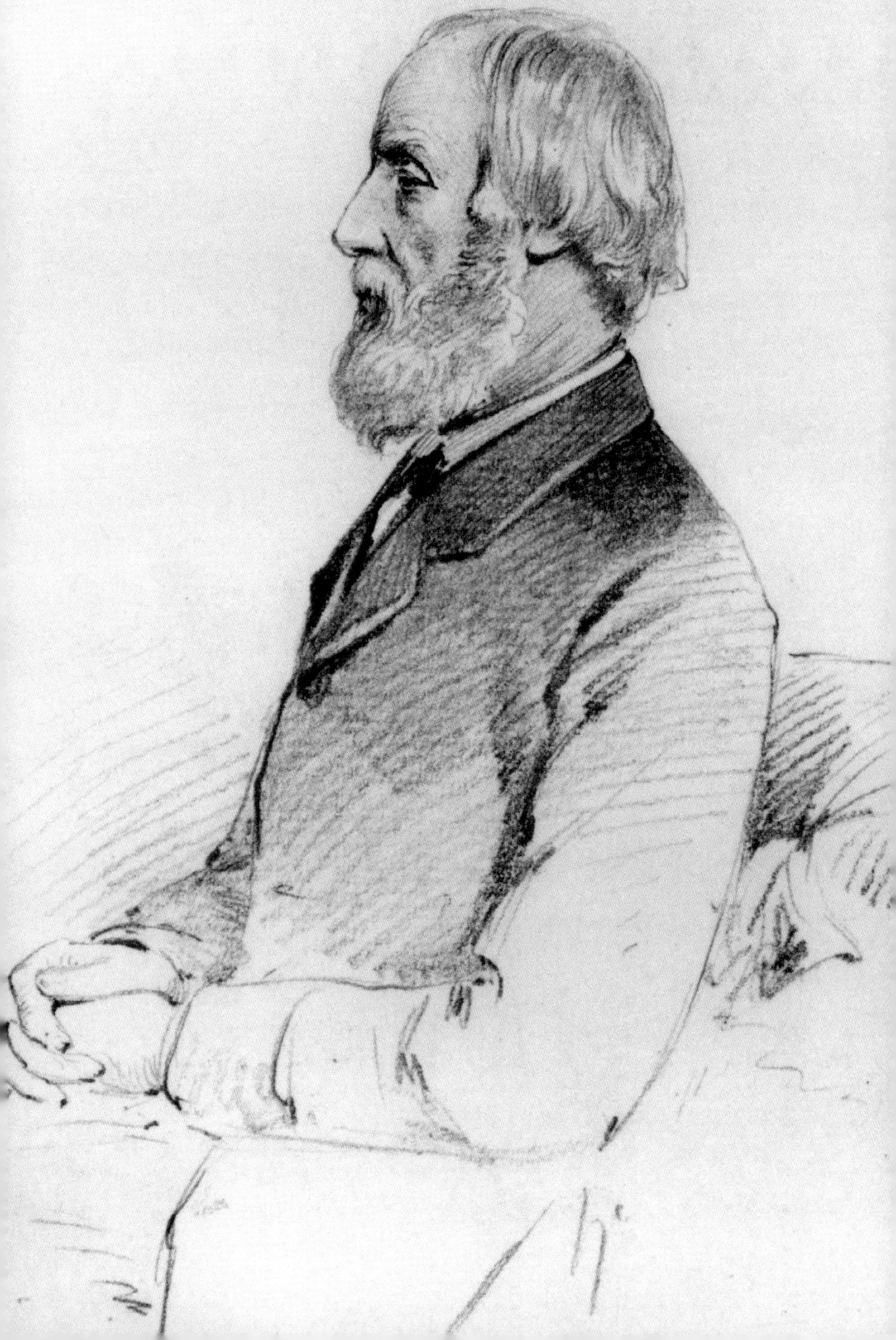

我们数学家除了研究 x 和 y，还能胜任别的事情。[14]

可惜，在 1838 年萨默维尔一家搬到意大利后，两家就鲜有往来了，但沃隆佐·格雷格仍是她的亲密好友。

洛夫莱斯夫妇还追随拜伦夫人，践行裴斯泰洛齐的教育原则，建立了一所乡村学校。埃达曾请母亲推荐一位能为学校编写小学教科书的人选。拜伦夫人介绍了她的朋友哈丽特·马蒂诺（Harriet Martineau），一位政治经济领域的记者和作家。拜伦夫人认为这位朋友是编撰教材的不二人选，尽管她希望马蒂诺在编书时"尽量规避她那套酷儿理论（queer theories）"，[15] 也并不认同她支持女性选举权的言论。拜伦夫人认为那些言论：

1. 导致女性低估了被免除政治责任的特权。
2. 不认真考虑女性本身的情况，而鼓励女性在学识上做出一定努力，实则损害其履行私人职责的能力——思想会从其合法的对象中抽离出来。
3. 把想象和真实的苦难混淆，对后者的补救就会遇阻。[16]

可以说,埃达·洛夫莱斯拥有财富、地位和独立思想,还有一位支持她的丈夫相伴,也与同时代的男性和女性科学精英交往甚密。但即使是这样一位杰出的女性,仍然受制于当时的社会和家庭对她的期望,不得不仰仗朋友才能获得科学教育。

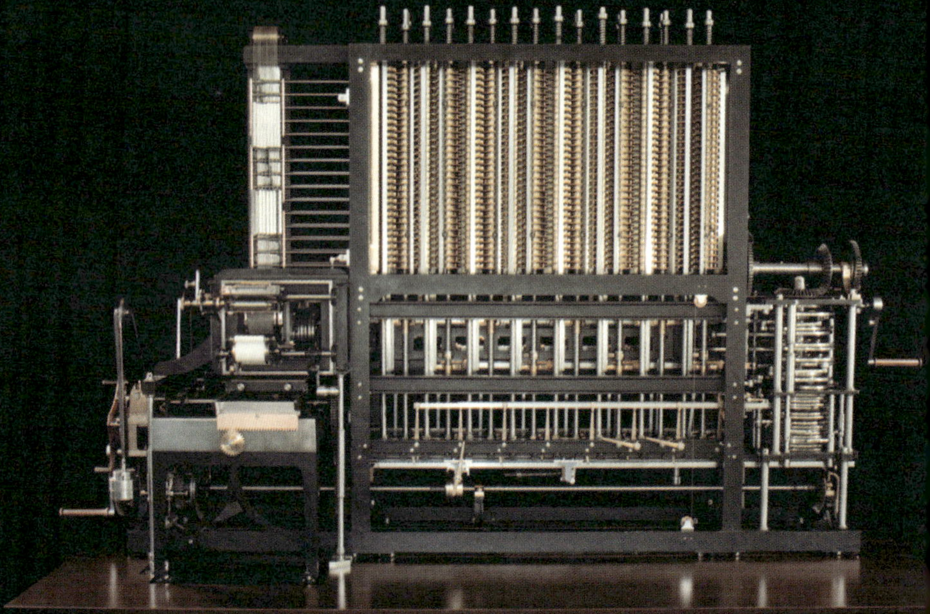

第四章
查尔斯·巴贝奇和思想机器

查尔斯·巴贝奇在德文郡长大,后在剑桥大学学习。他深受欧洲数学家的新思想影响,曾在《反思英格兰科学的衰落及其原因》(*Reflections on the Decline of Science in England, and on Some of Its Causes*)一书中,表达了对英国科学传统的厌恶。不单这本书,巴贝奇一生中写的很多著作都措辞激进,主题从神学到街头音乐家无所不及。

为了理解机械化生产的组织结构,巴贝奇钻研各类工业生产过程,并著有《论机械和制造业的经济》(*The Economy of Machinery and Manufactures*)。此书后被奉为经典,对卡尔·马克思(Karl Marx)等人影响至深。巴贝奇的研究主要涉及数表印刷的机械化生产。当时,恰逢19世纪银行业、制造业和航运业兴起,保险销售或出海航行都涉及大量计算,数表需求

25 上页图:查尔斯·巴贝奇的2号差分机复制品,由伦敦科学博物馆于1985年至2002年间基于巴贝奇的设计制作。

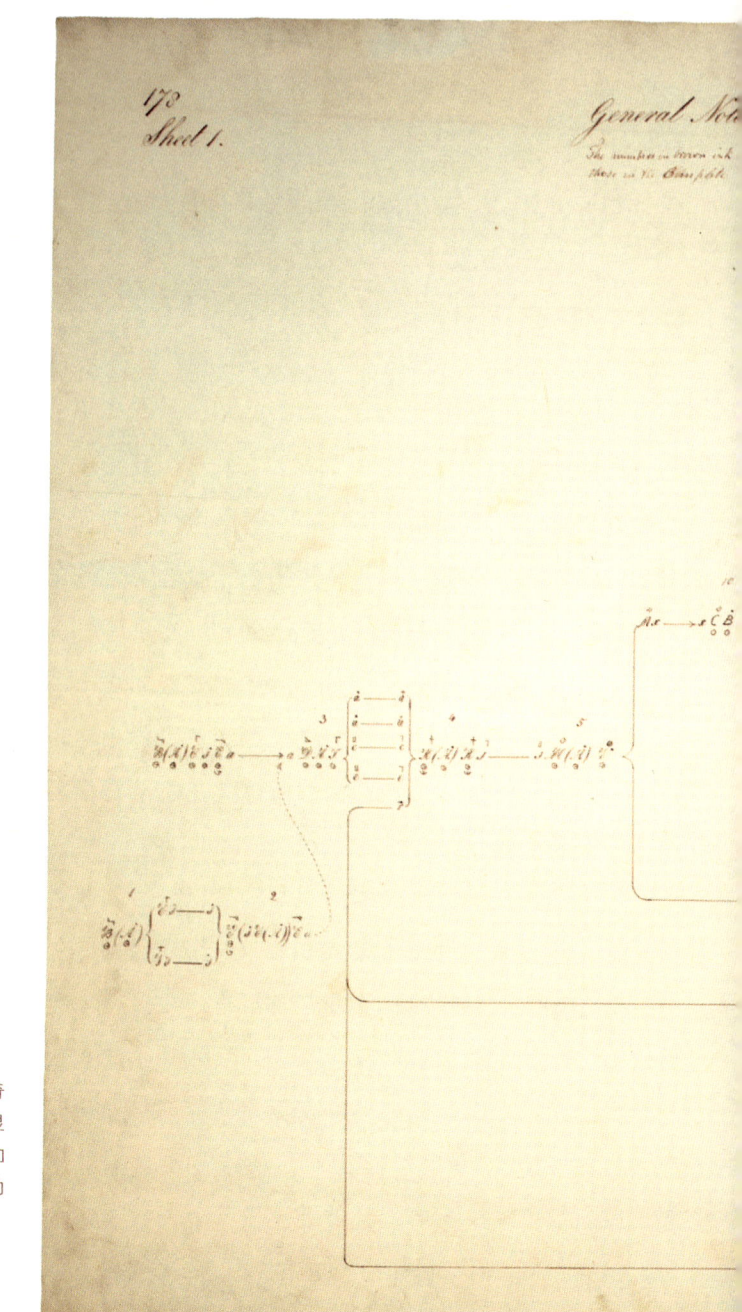

26 查尔斯·巴贝奇的设计符号图表,显示差分机打印装置如何提升卷纸从而启动新的打印任务。

Aug. 1848.

...ons of Difference Engine N° 2

...ite frame and &

A_{13} & A_{19}	**Even** Difference Sector		49 & 52	⎫
A_{13} A_{19}	· · Figure Wheel		58 & 61	⎪ Circular Motions
A_{13} A_{19}	· · Warning		74 & 77	⎬ of the Calculating Axes
A_{13} A_{19}	**Odd** Difference Warning		40 & 43	⎪ (see Sheet 2 of this Notation)
A_{13} A_{19}	· · Figure Wheel		24 & 27	⎪
A_{13} A_{19}	· · Sector		15 & 18	⎭
A_2 A_2	Even Difference Warning Axes		71 & 82	⎫
A_2 A_2	Odd · ·		46 & 48	⎪
A_2 A_2	Even Difference Sector Axis		55 & 57	⎪ Vertical Motions
A_2 A_2	Odd · ·		19 & 22	⎬ of the Calculating Axes
A_3 A_3	Lock Odd Diff" Figure Wheel		32 & 39	⎪ (see Sheet 3 of this Notation)
A_3 A_3	· Even · ·		68 & 73	⎪
A_3 A_3	Even Diff" Figure Wheel Axes		62 & 67	⎪
A_3 A_3	Odd · ·		28 & 31	⎭
A_4	Ink Printing Sectors		163 & 167	⎫
A_4 A_4	Lock Large Stereotype Sectors		124 & 129	⎪
A_4 A_4	· Small · ·		140 & 144	⎪
A_4 A_4	Punch Large Type		112 & 114	⎬ Paper and Printing
A_4 A_4	· Small ·		146 & 148	⎪ Apparatus
A_4	Lock Vertical Racks		135 & 139	⎪ (see Sheet 4 of this Notation)
A_4	· Printing Sectors		130	⎪
A_4	Move Paper for Printing		147 & 157	⎪
A_4	· Roller for Inking		160 & 167	⎪
A_4 A_4	Lock Figure Rack		132 & 136	⎭
	Carry on Table axis			⎫
	· · First Difference Axis			⎪
	· · Second · ·			⎪ Carrying Axes
	· · Third · ·			⎬ (see Sheet 6 of this Notation)
	· · Fourth · ·			⎪
	· · Fifth · ·			⎪
	Carry on Sixth Difference Axis			⎭
	Advance from Line to Line			⎫
	Advance from Column to Column			⎪
	Back from Line to Line			⎪
	End of Page — Engine Stops itself			⎬ Motions of the
	Advance from Column to Column			⎪ Stereotype Frames.
	Advance from Line to Line			⎪ (see Sheet 5 of this Notation)
	Back from Column to Column			⎪
	End of the Page — Engine Stops itself			⎭

27 查尔斯·巴贝奇的银版照片，法国摄影师安托万·克劳德特（Antoine Claudet）摄于1850年左右。

量剧增。而当时数表的制作是完全依赖手工的，耗时费力。巴贝奇在自传中回忆道，当他和约翰·赫歇尔一起验算一份天文学数表时，萌生了用"蒸汽"[1]来制作数表的想法。

巴贝奇的第一台机器——差分机（图25）的设计初衷就是计算并打印一个公式的连续值。它采用"有

限差分法",通过用前一个数的连续相加生成一系列数值。例如,要计算一组平方数数列

1, 4, 9, 16, 25 …

16 = 4×4,可以通过计算前一数值 9 = 3×3 加上 7 =(2×3)+ 1 得到。还可以写成:

$$4 \times 4 = (3+1) \times (3+1)$$
$$= (3 \times 3) + (2 \times 3) + 1$$
$$= 9+6+1$$
$$=16$$

那么,这里求平方值的公式可通过 a×a 加上(2×a)+ 1 得到(a + 1)×(a + 1),因为:

$$(a + 1) \times (a + 1)$$
$$= (a \times a) + (2 \times a) + 1$$

类似的算法同样适用于更复杂的公式。

基于这一算法,巴贝奇的差分机不需要做乘法,

28 拜伦夫人记录了1834年的工厂参观之行,其中提到童工、工会的角色以及控制机器的打孔卡。

Fordhook
June 21.

Dear D' King — I begin to-day a series of not very distant excursions, which would prevent my receiving an impromptu visit from you. I hope I may be in the way when M'^rs King returns. Will you tell her so? — The week after next I shall be in the neighbourhood of Cambridge — To-day I am going to Beulah Spa — and Ada is going to the Queen's Ball! — I am better pleased with my destination than she is with hers, tho' she has some pleasure in expecting to meet Babbage at the palace! — We both went to see the thinking machine (for such it seems) last Monday. It raised several N^{os}. to the 2^{d} & 3^{d} powers, and extracted the root of a Quadratic Equation. — I had but faint glimpses of the principles by which it worked — Babbage said it had given him notions with respect to general laws which were never before presented to his mind. — For

29 1833年6月21日拜伦夫人写给朋友金博士的信，提及查尔斯·巴贝奇的"思想机器"。

只需要加法和减法。这并不是第一台机械计算器,其独特之处在于操作完全自动化。只要预先设置好计算所需公式的值,即可运转机器,过程中唯一需要人工操作的是转动机器旁的把手,并调整蜡版用以打印最终数表结果。后来,巴贝奇还和天才工程师约瑟夫·克莱门特(Joseph Clement)合作,对差分机的机械零部件的设计进行了精巧的升级。差分机的数据储存在金属数轮里,数轮会移动至十个固定位置中的一个,还有一个巧妙的机关来纠正机械误差。最终的设计方案包含 8 个 31 位的寄存器,每个寄存器约 3 英尺(91 厘米)高,各有 31 个金属数轮。一旦计算需大量的零件同时运行,机械装置就会受到极大的力的作用,因此它会预测这种情况,以提前完成部分计算。差分机整机零件共计 8000 余个,需精密制造并能够大量生产。为此,巴贝奇甚至发明了一套独有的"机械符号"来标记复杂的机械装置(图 26)。

巴贝奇的"差分机"项目获得大量的政府资助,超过 17,000 英镑,而当时铁路引擎建造成本仅 800 英镑。然而,巴贝奇和克莱门特的合同纠纷持续数年,导致截止到 1832 年的十年间,巴贝奇能做的只是收集大量机器零件,并制作了一个小型演示模型。该模型

目前收藏于伦敦科学博物馆,与1992年按照巴贝奇后来的设计最终建造出来的差分机成品一同展出。

　　巴贝奇从未亲自写过差分机的宣传报道,这一发明是通过他的朋友迪奥尼修斯·拉德纳(Dionysius Lardner)的演讲和文章,还有巴贝奇本人在周六定期举办的家庭聚会进入大众视野的。查尔斯·狄更斯(Charles Dickens)、伊桑巴德·金德姆·布鲁内尔(Isambard Kingdom Brunel)和查尔斯·达尔文都是聚会的常客,他们见证了巴贝奇对差分机的演示。聚会期间展出的还有巴贝奇的自动机械收藏品,包括著名

30　查尔斯·巴贝奇差分机二次复制品的打印装置。

的"白银女士"*,"她"

> 偶尔戴着眼镜,频频鞠躬,仿佛认出了熟人。²

1833 年,拜伦夫人携 17 岁的埃达出席了巴贝奇的家庭聚会,之后拜伦夫人在给金博士的信中写道:

> 上周一,我们见到了传说中的思想机器(看起来名不虚传),它能算出几个数的 2 次方和 3 次方,还能求取一个二次方程的根。不过,我对它的工作原理一知半解。³

埃达同样对差分机一见倾心。为了掌握更多关于差分机的信息,她特意跑去听拉德纳的讲座,还研究了巴贝奇的工程图纸。多年后,拜伦夫人故友威廉·弗伦德的女儿索菲娅·德·摩根(Sophia De Morgan)回忆道:

> 其他在场来宾看这件精美仪器时的眼神,我

---

* Silver lady,一个会跳舞的自动机械。

敢说和野人第一次见到镜子或听到枪声时的眼神如出一辙，冲击感十足。拜伦小姐年纪尚小，却能猜出它的工作原理，也瞧得出这项发明的曼妙之处。[4]

埃达常常陪同母亲一起参观各色工厂，她对机械的兴趣随之培养起来。1834年，拜伦夫人带埃达参观了一家织带厂，这位改革派母亲向女儿介绍了在工厂工作的孩子们，说明了工会在改善其工作环境方面的作用，还展示了用来控制机器的打卡机（图28）。

埃达毕生痴迷于新兴发明，她曾热情洋溢地评论查尔斯·惠斯通（Charles Wheatstone）的电报机：

> 朋友之间可以通过两个终端建立联系而实现交流，如此便可以给任何人发信息。譬如说，我可以让一个商人直接去九榆树站（Nine Elms Station），并与他讨论货物相关订单。这真是个完美的服务器！多伟大的发明啊！[5]

随着对差分机研究的深入，埃达越来越渴望学习更高阶的数学知识。1840年，在多方求助后，她终于在24岁时觅得一位理想的指导老师。

31　下页跨页图：1841年2月19日埃达·洛夫莱斯写给奥古斯都·德·摩根的信，提及"有限差分的微积分"，为差分机的基本原理。

the top of page 79.

It is very clear that the law for the Co[...
being proved for u_n, and for Δu_n, [...
immediately & easily for u_{n+1}, or $u_n +$ [...

But if we now wish to establish [...
for u_{n+2}, we must prove it true [...
only for u_{n+1}, but also for Δu_{n+1} [...

To retrace from the beginning: the [...
object in the first half of page 79 [...
is to prove firstly, that any order of [...
say u_n can be expressed in terms of [...
a Series of all the Differences of u, Δ [...
$\Delta^2 u$, $\Delta^3 u$, —————— $\Delta^n u$;
secondly, that the Co-efficients for this [...
follow the law of those in the Binomial [...

Now the first part is evident from [...
law of formation of the Table of Differen[...
Since all the Differences Δu, $\Delta^2 u$, Δ [...
are made out of u, u_1, u_2 &c—, it [...
obvious that by exactly retaining & rea[...
the proofs, we can make u, u_1, u_2 [...

of Δu, $\Delta^2 u$, $\Delta^3 u$ &c.

the second part of the above; if we shown that the law for the Co-efficients good up to a certain point, say u_4; also, that being true for any one , it must be true also for the next , the demonstration is effected for values:

the fact is shown that it is true up u_4. (I must not here enquire why the is so. That is I suppose not your anying, or any part of your affair).— is shown that the two parts u_3, Δu_3 of u_4 is made up are under this law, therefore that u_4 is so. And next it is that any other two parts u_n, Δu_n under this law, their sum u_{n+1} be so.— But this proves nothing a continued suspicion. u_{n+1} being this law does not prove that Δu_{n+1} under it, & therefore that u_{n+2} is under

Students' Exercise
March 17, 1865

第五章
跟着摩根教授学数学

埃达的新导师奥古斯都·德·摩根是一位数学教授，就职于伦敦大学学院（University College London），该校始建于1828年。当时，德·摩根可以算是最杰出的英国数学家之一。可今非昔比，他同时期的数学家们如今影响力更胜一筹，德·摩根的地位已大不如前。他因"德·摩根定律"而为人知晓，该定理是软件和电路设计逻辑的基本原则之一。德·摩根还是一位多产而诙谐的数学作家，撰写并出版了大量的研究论文、科普文章、书评、百科全书条目和教科书。

和巴贝奇一样，德·摩根也不认同剑桥那套老式的数学教学法。在教学过程中，他希望学生能理解基本原理，而不依赖标准化练习。作为一名教师，德·摩根称得上德高望重。除了在学校开班，他也私人教学——据我们所知，都是男生，仅埃达·洛夫莱

32 奥古斯都·德·摩根授课图，伦敦大学学院的一名学生绘于1865年3月17日。

斯一名女学员。最初，德·摩根收埃达为徒是受妻子所托，其他学生都是要付学费的，只有埃达例外。在二人的往来书信中，德·摩根经常感谢洛夫莱斯庄园送来的猎物（图33），埃达则常常为占用老师的宝贵时间致歉。

1840年夏天，埃达·洛夫莱斯告诉母亲，"我已给教授写过两次信"，[1] 似乎对自己的进步十分满意。其实，德·摩根的授课形式十分简单，类似于现在所谓的函授课程，包括指导学生独立阅读和练习答疑。当时，如果埃达碰巧在伦敦，学习上又遇到了难题并坚持当面求教，老师会安排几次面授课程。授课地点有时在圣詹姆斯广场的洛夫莱斯府邸，有时在一英里外布卢姆斯伯里郡高尔街的德·摩根家中，偶尔也会和其他社交活动同时进行。正如埃达所言："每当学习遇到难题，我宁愿当面提问，也不愿写信。"[2] 有一次，德·摩根在回信中同时邀请了埃达和洛夫莱斯伯爵，还打趣道"如果伯爵不害怕代数的话"[3]，大可放心随行。但大多数时间，师生二人仅通过书信交流，这位学生时不时会给老师寄来好几包数学作业，请他批阅，并一再为占用了他的时间致歉："说让您当我的数学顾问或首相，恐怕您要说这真不是开玩笑的了。"[4] 德·摩

33　1840年9月奥古斯都·德·摩根写给埃达·洛夫莱斯的信，解释为何可以画出多条穿过一系列点的不同曲线，同时感谢她从乡村庄园寄来的"上等鹧鸪"。

34　埃达·洛夫莱斯的银版照片，法国摄影师安托万·克劳德特摄于1842年左右。

of a curve, required the
ations which may belong
form' is a very diff

ll merely give you a gl
uired an equation to a
such that it passes
gh the following points P

at P let $x = a$, $y = A$
Q $x = b$, $y = B$
R $x = c$, $y = C$

$= A \dfrac{(x-b)(x-c)}{(a-b)(a-c)} + B \dfrac{(x-c)(x-a)}{(b-c)(b-a)} + C \dfrac{(x-a)(x-b)}{(c-a)(c-b)} + \left\{ \begin{array}{l} \text{any function of } x \text{ which} \\ \text{does not become infinite} \\ \text{when } x = a, \text{ or } b, \text{ or } c \end{array} \right\} \times (x-a)(x-b)(x-c)$

is an infinite number of equations which you will find to satisfy the conditi

to thank you for very good
ridge received from Peckham
kind remembrances to Lord Lovelace
I am Yours very truly
DeMorgan

I have heard of Lady Byron by
Mr. Phillott who left her safe
at Fontainebleau

第五章　跟着摩根教授学数学

35　1841年1月埃达·洛夫莱斯写给奥古斯都·德·摩根的信，她把数学的呈现形式比作"精灵和仙女"。

will now go to the question
delayed asking before:
the development of the
[expo]nential Series
$$1 + (\log a)x + \frac{(\log a)^2 x^2}{2} + \&c,$$
[from] the Logarithmic Series
$$a = (a-1) - \frac{1}{2}(a-1)^2 + \&c$$
[and] from it; I object [to]
the necessity involved of
[supp]osing x to be <u>diminished</u>
<u>without limit</u>, — a supposition
[to be] necessary to the completion
[of the] Demonstration. It has
[struck] me that though this
[supp]osition leaves the Demonstration
[con]clusions perfect for the
[case] in which x <u>is</u> supposed [to]
<u>diminish</u> <u>without limit</u>, yet

根的教学方式似乎很奏效,埃达在 1840 年 7 月写道:"我认为这位教授非常适合我。"[5]

二人累计 18 个月的来往书信只有部分留存下来,其中包括 42 封来自埃达·洛夫莱斯的长信和 20 封来自德·摩根的简短回信。这些书信记录了一位才华横溢又富有爱心的老师和一位天资过人又积极向上的学生间的互动,字里行间,无不引人入胜。当时,洛夫莱斯的学习水平已经大致相当于德·摩根带的大学二年级学生的水平,这些信件也显示出德·摩根的判断力——他需要在这种有趣的高阶课程与填补他的学生知识空缺所需的几何和代数基础学习之间找到平衡。

所有数学专业的学生,甚至那些最有天赋的,在最初接触数学时都会遇到困难。这些信件的不同寻常之处在于记录了这些困难,以及埃达是如何在克服困难的过程中学习。在一封信中,埃达提出可以用替代参数解题:[6]

我先前没有想到,假设 $(x+\theta)=v$,那么 $\frac{(x+\theta)^n-x^n}{\theta}$ 就能写成 $\frac{v^n-x^n}{v-x}$

她反思道:

许多公式可以进行神奇的转换,这对于一个初学数学的人来说,不容易一眼识破,也很难找出关联性。

这大概就是

数学研究早期阶段的主要困难。

埃达还会有些古灵精怪的论断:

我常常想起在书里读到的那些精灵和仙女,他们先以一种形态出现,下一秒又以一种截然不同的形态出现;数学世界里也不乏这般"精灵"和"仙女",虚虚实实,让人琢磨不透又欲罢不能。

她也谈到了另一个难题:

我从未如此痴迷于什么,惭愧的是,我耗费

的时间都是徒劳的。[7]

对初涉数学的埃达来说，某些方程"完全是胡扯"，她哀叹：

> 当我幻想自己终于抓住了某种实实在在的东西时，它却转瞬即逝。[8]

埃达还研究出如何用"曲线"表示方程式（图36），现在我们称之为函数 $y = x^2$ 的图形。早期，埃达学了很多几何知识，但从未尝试像这样整合几何和代数。如图，取 x 的连续值 $1/4$、$1/2$、$3/4$、1、$3/2$、2……，通过平方得到 $1/16$、$1/4$、$9/16$、1、$9/4$、4……埃达用对应长度的垂直线在函数图形中将这些数值呈现出来。

她还发现，如果"画出连续数值 $1/16$、$1/4$、$9/16$、1、$9/4$、4……的垂直坐标，并将坐标点连起来，会得到一条弧线"[9]，这条弧线就是函数 $y = x^2$ 的图形。但她又否定说：

> 可我觉得这是不成立的，<u>垂直直线</u>的确是函数图形，但我还没有发现曲线和这些垂直直线的关系。[10]

在回信末尾处，摩根就此疑问给出了解答：

这条曲线是 $y = x^2$ 的函数图形。当然，除非你能肉眼判断距离，并观察到纵坐标（也就是垂直直线长度或者 y 的长度）是随着横坐标的平方（x^2）递增的，否则就看不出这层关系。[11]

在给埃达的另一封信（图37）中德·摩根解释了"对数"的概念，并介绍了数学符号 ε，也就是我们现在使用的 e。公式如下：

$$1+ \frac{1}{1} + \frac{1}{1 \times 2} + \frac{1}{1 \times 2 \times 3} + \frac{1}{1 \times 2 \times 3 \times 4} + \cdots$$

结果为 $2.7182818\cdots$。这个公式通常用以描述极速增长或缓慢下降的数据，例如人口增长和放射性衰变，从而用于流行病学和碳年代测定中的数据计算。对数常用于测量经济增长率、地震强度和分贝水平等。

在二人频繁的书信往来中，埃达不仅持续收获新知识，还掌握了**如何**学习：学习得慢慢来，从错误中学习，并对自身能力有一个现实的判断。从一开始学

as an exercise in algebraical work.

With regard to the logarithms, in the first place, Bourdon is too long. If you will look at the chapter in my algebra, you will find it shorter.

In the equation
$$a^b = c$$
b is called the logarithm of c to the base a. This is the meaning of the term. But for convenience the series $1 + 1 + \frac{1}{2} + \frac{1}{2\times 3} + \frac{1}{2\times 3\times 4} + \&c$ ad inf. or $2.7182818...$ (called ε) is the base always used in theory; while when assistance in calculation is the object, 10 is always the base; thus if
$$\varepsilon^x = y \quad x \text{ is the logarithm of } y$$

36 右图：埃达·洛夫莱斯就方程式"$y = x^2$"的提问及德·摩根的回复。

$\log b$

$b = \varepsilon^a$ $\quad \varepsilon$ being $2\cdot7182818\ldots$

37 左图: 1840年8月, 奥古斯都·德·摩根对"对数"的解释。

The successive values of x, $\frac{1}{4}$, $\frac{1}{2}$, $\frac{3}{4}$, 1, $\frac{3}{2}$, 2, $\frac{5}{2}$, 3, 4 are selected, & the corresponding functions x^2, represented on perpendicular lines drawn from the extremities of the respective lines representing x. —

By uniting the successive perpendicular extremities $\frac{1}{16}$, $\frac{1}{4}$, $\frac{9}{16}$, 1, $\frac{9}{4}$, 4 &c &c, a curve appears to be produced. In lines 13 & 14, this curve (according to my interpretation) alluded to as "the representation of a function, or functions". This does not appear to me to hold good, as I would have said that the perpendicular straight lines are the representation of the functions, & I do not see any precise relation that the uniting curve holds to them.

The precise relation is that this one curve, and no other, belongs to $y = x^2$. Of course there could be no visible relation unless to a person whose eye was so good a judge of length that he could see the ordinate increasing with the square of the abscissa.

第五章　跟着摩根教授学数学　　　　　　　　71

习，埃达就有着一股求知若渴、积极向上的劲头。在 1840 年的一封信中，她写道：

> 真希望我能学得再快一点。说真的，我希望人类的大脑，或者至少是我的脑袋，能比实际情况更快、更多地吸收知识。当我对比一下我学到的知识多么少，而需要去学的有多丰富——可以说是无止境的；我只希望在不久的将来，人类会比现在聪明。[12]

对此，德·摩根给出了理性且善意的劝告：

> 不要用读书的多少来衡量一个人的进步。我要说的是，你其实很难判断自己所取得的进步，有时仅凭一小时的深入思考或快速阅读，甚至仅仅在获得个人满足时，你都能飞速进步。而关于你那个学海无涯的说法，牛顿也给出过类似的比喻，他把自己比作一个从岸边捡起几颗鹅卵石的男孩。你看，这是一个来自权威的假设，告诉你这种知识匮乏感终究是无法摆脱的，当然也没有必要达到所谓极限。[13]

直到那年 11 月,埃达才虚心接受了老师的意见。她告诉母亲:"我现在学得很慢,我想一步一步来。德·摩根先生不希望我重蹈覆辙,一再提醒我学习不要一味求快。"[14] 到圣诞节时,埃达彻底改变了关于学习方法的观念:

> 我以前总是为犯的那些错误感到遗憾,觉得那是在浪费时间。现在,恰恰相反,我常常能从错误中学到更多的东西,甚至比不费吹灰之力就能学会的时候收获多 10 倍。[15]

1841 年的新年,在给母亲的信中,埃达难掩喜悦之情:"我和德·摩根先生的相处融洽极了,简直没有第二个人比他更适合做我的老师了。"[16]

See De Morgan's Differential Calculus — page 102.

To integrate $fx \times \frac{dx}{dt} dt$, x being a function of t, and the integration to be with respect to t, from $t = b$ to $t = b+k$

Let $x = \varphi t$, and $\frac{dx}{dt} = \varphi' t$

Whence $\int fx \times \frac{dx}{dt} dt = \int f(\varphi t) \times \varphi' t \times dt$

And $\int_{b}^{b+k} fx \times \frac{dx}{dt} dt = \int_{b}^{b+k} f(\varphi t) \times \varphi' t \times dt$

Let $f_1 x$ = primitive function of fx

Firstly: for $\int fx \frac{dx}{dt} dt$, we may substitute $\int \frac{df_1(\varphi t)}{dt} dt$

or for $\int_{b}^{b+k} fx \frac{dx}{dt} dt \cdots \cdots \int_{b}^{b+k} \frac{df_1(\varphi t)}{dt} dt$

Since $fx \frac{dx}{dt} = \frac{df_1 x}{dx} \cdot \frac{dx}{dt} = \frac{df_1(\varphi t)}{d(\varphi t)} \cdot \frac{d(\varphi t)}{dt}$ which last is

by the Rules of Differentiation $= \frac{df_1(\varphi t)}{dt}$ or $\frac{df_1 x}{dt}$

Secondly: by pages 100 & 101, (1) $\varphi x + C = \int_a^x \varphi' x \cdot dx = \int_a^x \frac{d\varphi x}{dx} dx$

(2) And $\varphi(a+h) - \varphi a = \int_a^{a+h} \varphi' x \cdot dx = \int_a^{a+h} \frac{d\varphi x}{dx} dx$

~~[struck out line]~~

Therefore if in $\int_b^t \frac{df_1(\varphi t)}{dt} dt$, we consider $f_1(\varphi t)$ as equivalent to φx in (1); t as equivalent to x; b as equivalent to a; we have $\int_b^t \frac{df_1(\varphi t)}{dt} dt = f_1(\varphi t) + C$

And Similarly $\int_b^{b+k} \frac{df_1(\varphi t)}{dt} dt = f_1 \varphi(b+k) - f_1 \varphi b$, derived from (2)

Whence the rest, as in page 103

What does equivalent mean? it is supposed that a and $a+h$ in the values of x when $t = b$ or $b+k$. a is not the equivalent of b but if $x = \varphi(t)$
$a = \varphi b$
$a+h = \varphi(b+k)$

第六章
成为数学家

德·摩根的巨著《微积分学》(*Differential and Integral Calculus*)最初发表于 1836 年至 1842 年间,分 25 部分相继出版,合计达 800 余页。该书也是埃达·洛夫莱斯学习的主要教材。书中全面总结了研究科学问题所要用到的数学。它强调数学发展的进程,从基本原理到新概念和定理的证明,都给出了详尽的介绍。该书的核心是首次用英语阐述了法国数学家奥古斯丁-路易斯·柯西(Augustin-Louis Cauchy)发展的微积分严格化的工作。文中的基本概念是"极限"。例如,数列

$$0.9, 0.99, 0.999, 0.9999$$

越来越接近 1,而数列

38 这份手稿体现了埃达对积分问题的初次尝试,这是微积分中的一个重要问题。德·摩根在手稿底部的评论提示她思考"等量"的含义。

9，99，999，9999

只是不断变大。这使得极限的概念精确化，明确了哪些数列有极限，哪些数列没有极限。这是微积分的核心，也是理解微分和积分等概念的关键。德·摩根的书篇幅很长，内容面面俱到，风格鲜明。和与学生的通信一样，他的书中充满了即兴的插入语、解释、给学生的建议和历史文献参考。

到1841年夏，埃达取得了相当大的进步。她不仅能解决困难，而且能找出难点，在给老师的信中，她谈到：

> 我在代数上的天赋……似乎没有像其他方面的天赋得到同等程度的开发。[1]

德·摩根建议她做更多的家庭作业，不仅要做常规代数练习，还要通读他那本书的各个章节，以确保掌握基本原理。德·摩根的回信表明，他勉励学生更深入地思考，比如说，他不是仅仅纠正错误，而是给出提示，让学生自己找出错误所在（图38）。

埃达几乎全身心投入数学学习中，但也挤出时间来消遣，唱唱歌，弹弹竖琴、吉他和钢琴，偶尔还去

212 ON THE BINOMIAL THEOREM.

$$(1+x)^n \times (1+x)^m = (1+x)^{n+m}$$

or $\varphi n \times \varphi m = \varphi(n+m)$

but when n is a whole number $(1+x)^n$ is the series in question; therefore, calling the above series φn, we have, *when n is a whole number*,

$$\varphi n \times \varphi m = \varphi(n+m)$$

or

$$\left(1 + nx + n.\frac{n-1}{2}x^2 + n.\frac{n-1}{2}.\frac{n-2}{3}x^3 + \&c.\right)$$
$$\times \left(1 + mx + m\frac{m-1}{2}x^2 + m\frac{m-1}{2}\frac{m-2}{3}x^3 + \&c.\right)$$
$$= 1 + (m+n)x + (m+n)\frac{m+n-1}{2}x^2 + (m+n)\frac{m+n-1}{2}\frac{m+n-2}{3}x^3 + \&c.$$

This may be verified to any extent we please, by actual multiplication; for the two first series multiplied together give

$$1 + (m+n)x + \left(n.\frac{n-1}{2} + nm + m\frac{m-1}{2}\right)x^2$$
$$+ \left(n.\frac{n-1}{2}\frac{n-2}{3} + n.\frac{n-1}{2}m + nm.\frac{m-1}{2} + m.\frac{m-1}{2}\frac{m-2}{3}\right)x^3 + \&c.$$

But $n.\dfrac{n-1}{2} + nm + m.\dfrac{m-1}{2} = \dfrac{n^2 - n + 2nm + m^2 - m}{2}$

$$= \frac{(n+m)^2 - (n+m)}{2} = (n+m)\frac{n+m-1}{2}$$

$n.\dfrac{n-1}{2}\dfrac{n-2}{3} + n.\dfrac{n-1}{2}m + nm\dfrac{m-1}{2} + m.\dfrac{m-1}{2}\dfrac{m-2}{3}$

$$= \frac{n^3 - 3n^2 + 2n + 3n^2m - 3nm + 3nm^2 - 3nm + m^3 - 3m^2 + 2m}{2 \times 3}$$

$$= \frac{(n+m)^3 - 3(n+m)^2 + 2(n+m)}{2 \times 3} = (n+m)\frac{n+m-1}{2}.\frac{n+m-2}{3}$$

and so on. We now lay down the following principle: *When an algebraical multiplication, or other operation, such as has hitherto been defined, can be proved to produce a certain result in cases where the letters stand for whole numbers, then the same result must be true when the letters stand for fractions, or incommensurable numbers, and also when they are negative.* For we have never yet had occasion to distinguish results into those which are true for whole numbers, and those which are not true for whole numbers; but all processes have

40 威廉·罗文·汉密尔顿爵士（Sir William Rowan Hamilton）画像，萨拉·珀瑟（Sarah Purser）绘于 1894 年左右。

看歌剧。有时候，她会抱怨三个孩子的需求太多，所以她不得不让保姆带着孩子们去另一处房子，或干脆把孩子们送到母亲拜伦夫人那里。她去滑冰；她喜欢马匹，也喜欢骑马，后来还热衷于赛马，导致债台高筑。尽管不断受到疾病、旅行和家务事的影响，埃达跟随德·摩根学习还是持续了大概一年。在这段时间里，她加深了对数学和数学思维的理解。

查尔斯·巴贝奇在自传中回忆，埃达·洛夫莱斯在撰写关于"分析机"的论文时，"发现了我的一个致命错误"。[2] 在埃达与德·摩根的通信中，不难看出她精于细节，同时坚持从基本原理出发解决问题。

> 您知道，我总是有很多形而上的探索和思辨，以至于我从未真正满足于已经明白的道理。因为，虽已尽我所能去理解，但也只是局限于我想要理解的诸多联系中极小的一部分，而我追寻的问题也只是灵光一现罢了。[3]

随着自信心与日俱增，埃达不仅敢于指出德·摩根书中的印刷错误，还能提出更深层的质疑。值得一提的是，在阅读《代数基础》（图39）时，她写道：

> 我不确定是否认同您在212页最后一段提出的假设。在我看来，这里似乎存在一个很大的漏洞，相较于数学中很多经过严谨论证的假设，您这种假设显然证明不足。[4]

埃达信中指的是"等价形式的永恒性原理"，

德·摩根在回信中为之辩护，称这一原理在当时已被广泛接受。简单来说，基于"等价形式的永恒性原理"，如果一个关于数的定理对整数成立，那么它对所有形式的数都成立。

在埃达和德·摩根看来，"数"包括现在我们所谓的**实数**，也就是整数、分数和常数，如 π、ε 或 2 的平方根。其中，**实数**符合标准规则，比如说，一组实数相乘，无论顺序如何，结果都一样。所以，

$$2 \times 3 = 3 \times 2 = 6$$

但是，"数"还包括所谓的复数，这是 18 世纪引入数学界的一种新型数字。复数建立在虚数"i"的基础上，虚数 i 的平方是 -1，所以：

$$i^2 = -1$$

实数在一维数轴上是一个点，而复数，比如 $3+4i$，必须在二维数轴上呈现，即

```
        •
4     3+4i



              3
```

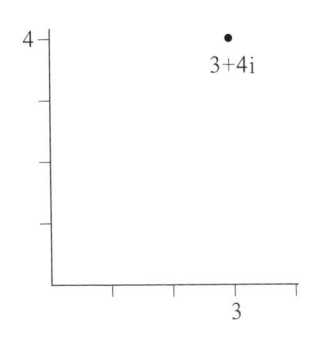

1841年，埃达·洛夫莱斯在读了德·摩根的一篇关于"复数"的文章后，去信写道：

> 我不禁认为代数必然会有类似的发展，向三维几何扩展，甚至可以扩展至某些未知领域，其可能性是无法估量的。[5]

这一预测神乎其神，事实上，两年后，爱尔兰数学家威廉·罗恩·汉密尔顿爵士（Sir William Rowan Hamilton）就宣布发现了"四元数"，一种三维"复数"。在19世纪末，又有一些人解决了更高维度的数学问题。四元数是非同寻常的数学概念，不遵循任何算术规则。例如，如果以不同的顺序将某些四元数相乘，可以得到不同（但仍然正确）的答案。

2) Right-angle and the angle made by $\sin a$ with the Unit-Line. I enclose you an explanation I have written out (according to the Definitions of the Geometrical Algebra), of the two formulae for the Sine and Cosine. I am at work now on the Trigonometrical Chapter of the Differential Calculus. (9th Calculus)

I do not agree to what is said in page 119, that results would be the same whether we worked algebraically with forms expressive of quantities or not. It is true that in the form $a + \sqrt{m} - \sqrt{n}$, if (-1) be substituted for m and n, the results come out the same as if we work with a only. But now the form $a \times \sqrt{m}$, $a - \sqrt{m}$, $a \times \sqrt{m}$, or fifty others one can think of, surely the substitution of (-1) for m will not bring out results the same as if we worked with a only; and in fact can only do so when the impossible expression is so introduced as to neutralize itself, if I may so speak. I think I have explained myself clearly.—

It cannot help striking me that this extension of Algebra ought to lead to a further extension similar in nature, to Geometry of Three Dimensions; & that again perhaps to a further extension into some unknown region, & so on ad-infinitum possibly. And that it is especially the consideration of an angle $= \sqrt{-1}$, which should lead to this; a symbol, which when it appears, seems to me in as many more

"四元数"的提出也印证了埃达之前对"永恒性原理"的质疑。由此可见，她能发现连专家们都忽略的数学难题。

"四元数"进而推动了"矢量"的发展，如今这一概念广泛应用于研究三维空间的物理问题，也在超声速飞行、卫星导航和计算机芯片设计等工程研究中不可或缺。当然，这些研究成果并不能归功于埃达·洛夫莱斯，但她最初的惊人预测无不显示出超乎常人的洞察力。

德·摩根逐渐对这位学生萌生敬意，师生二人很快就开始讨论他的一些更有争议的想法。譬如，数学家认为公式

$$1 + x + x^2 + x^3 + \cdots$$

为一个无穷级数，因为在原则上

$$x, x^2, x^3 \cdots$$

这个数列是无限的。

用微积分的方法可以证明，如果我们用一个小于1

41 左页图：1841年9月19日埃达·洛夫莱斯写给奥古斯都·德·摩根的信，讨论"复数"及将复数扩展到"三维几何"的设想；她认为这有可能延伸到某个未知的领域。

的值来代替 x，那么这个级数就等于

$$\frac{1}{1-x}$$

如果

$$x=\frac{1}{2}$$

那么，级数等于

$$1+\frac{1}{2}+\frac{1}{4}+\frac{1}{8}+\cdots$$

级数和为

$$\frac{1}{1-\frac{1}{2}}=2$$

这种无穷级数称为**收敛级数**。然而，德·摩根更感兴趣的是，如果按照这个公式，代入大于 1 的 x 会发生什么。例如，如果把 $x=-1$ 代入，会得到一个特殊的公式：

$$1-1+1-1+\cdots=\tfrac{1}{2}$$

把 $x=2$ 代入，会得到一个完全不同的公式：

$$1+2+4+8+\cdots=-1$$

这些特殊的公式被称为**发散级数**。当时，数学家们普遍认为发散级数是毫无意义又枯燥乏味的。而如今，它们在数学中有巨大的价值。弦论解释宇宙初始时刻的物理现象就用到了下面这个独特的公式：

$$1+2+3+4+5+\cdots=-\tfrac{1}{12}$$

对此，德·摩根持审慎而肯定的态度，他认为只要谨慎使用，发散级数有时可能会有用。他在给学生的信中写道：

> 坦白地说，发散级数的使用的确遭到一些声

$x < 1$. But if $x > 1$, say $x = 2$, we have

$\frac{1}{1-2}$ or $-1 = 1 + 2 + 4 + 8 + 16 + \&c$

which, arithmetically considered is absurd. But nevertheless -1 and $1 + 2 + 4 + 8 + \&c$ have the same properties

This point is treated in the chapter on the meaning of the sign $=$.

My wife desires to be kindly remembered

I remain yours very truly

A De Morgan

69 Gower St.
Thursday Ev^g Octr 15/40

It is fair to tell you that the use of Divergent series is condemned altogether by some modern names of very great note. For myself I am fully satisfied that they have an algebraical truth wholly independent of arithmetical considerations; but I am also satisfied that this is the most difficult question in mathematics.

名显赫之士谴责。就个人而言，我完全认同有一个完全独立于算术考量之外的<u>代数</u>真理，当然我也认为这是数学领域最难解决的问题。⁶

1842 年，德·摩根在他写的微积分教科书的序言中，向学生们介绍了已知数学中的"不确定的边界"，称"开辟新的研究领域不应停留在'领土'内，而是敢于踏出去，开启发现未知之旅"。⁷ 也许，他在写下面这段话时，想到的便是埃达·洛夫莱斯：

> 在这个国家，只有极少数人因为数学本身而关注任何数学难题，他们的追求在一次次失败的尝试中实现。如果允许所有有能力的学生都去读应用数学中更高的分支，这样的尝试应该会越来越多。⁸

1841 年 11 月 21 日，埃达再次去信，讨论了德·摩根关于"级数""运算""无差别"和"伯努利数"的几篇文章，字里行间，无不展现她日益积累的数学知识和非凡的理解力。信中讨论的问题日后将成为埃达唯一出版过的著作的主题。尽管她在信末一再说：

42　左页图：1840 年 10 月 15 日奥古斯都·德·摩根写给埃达·洛夫莱斯的信，向她介绍"分歧级数"所存在的争议，并称之为"数学中最难的问题"。

下次见您的时候,我还会有一大堆的问题要问。[9]

然而这却是我们现有的她和德·摩根最后一封讨论数学问题的信件,这一跨时代的书信往来在此画上了句号。

43 右页图:1841年11月21日埃达写给德·摩根的最后一封信,信的末尾处提到了"伯努利数"。

I only allude to $(x^3)^3$, instead of $(x^3)^2$ as I make it.
See page 444, at the bottom; (2nd column):
"Where $B_0, B_1, \&c$ are the values of Fy and its
"successive diff-cos when $y = 0$, &c, &c."
Surely it should be when $y = 1$.

The same as when immediately afterwards, (see page 445, 1st column, at the top), in developping $(2+\Delta)^{-1}$ &c, B_0, B_1 &c are the values of Fy & its Co-efficients when $y = 2$, &c, &c.

I have referred to _Numbers of Bernoulli_ & to _Differences of Nothing_; in consequence of reading this _hostile Operation_. And find that I must read that on _Series_ also.—

I left off at page 165 of the Calculus; & suppose that I may now resume it; (when I return here that is).

I will not trouble you further in this letter. But I have a _formidable_ list of _small matters_ done, against I see you.—

Yours most sincerely
A. A. Lovelace—

List of Operations

1. Algebraic Addition
2. ——————— Subtraction
3. Algc. Addn with nk figures
4. ——— Subtn with nk figures
5. Ascertaining if a variable is zero
6. ——————————————— has a + or −
7. Reversing the Accidentl sign of a variab
8. Stepping up or multiplying any number
9. Stepping down or multg any number by
10. Countg Nos of digits in Variable & sending it to
11. Differences
12. Multiplication without Tabl

第七章
分析机

查尔斯·巴贝奇在19世纪30年代中期开始研发分析机,他想创造一种会"咬自己尾巴"[1]的新型计算机器,也就是说,它能在运行过程中修改运算。这个机器可以在计算期间暂停,并基于已得到的数值在接下来的两种运算步骤中选择其一。巴贝奇还列出了这样一台有足够大内存的机器要执行"所有可能的运算和分析"[2]所需的基本运算。现在可知,他所描述的基础运算操作与现代计算机的基础运算操作一致。这意味着,用现代术语来说,分析机应该是一台机械式的通用计算机——这个概念是艾伦·图灵(Alan Turing)在20世纪30年代首次提出的。

分析机虽从未建成,但在巴贝奇的图纸和力学符号中,依然可见它惊人的完美设计。分析机的编程通过打孔卡实现,类似于约瑟夫·玛丽·雅卡尔(Joseph

44 左页图:查尔斯·巴贝奇所列的分析机的运算步骤。艾伦·图灵指出,任何能够执行这些运算的计算机,用现代术语来说,都是一台"通用计算机"。

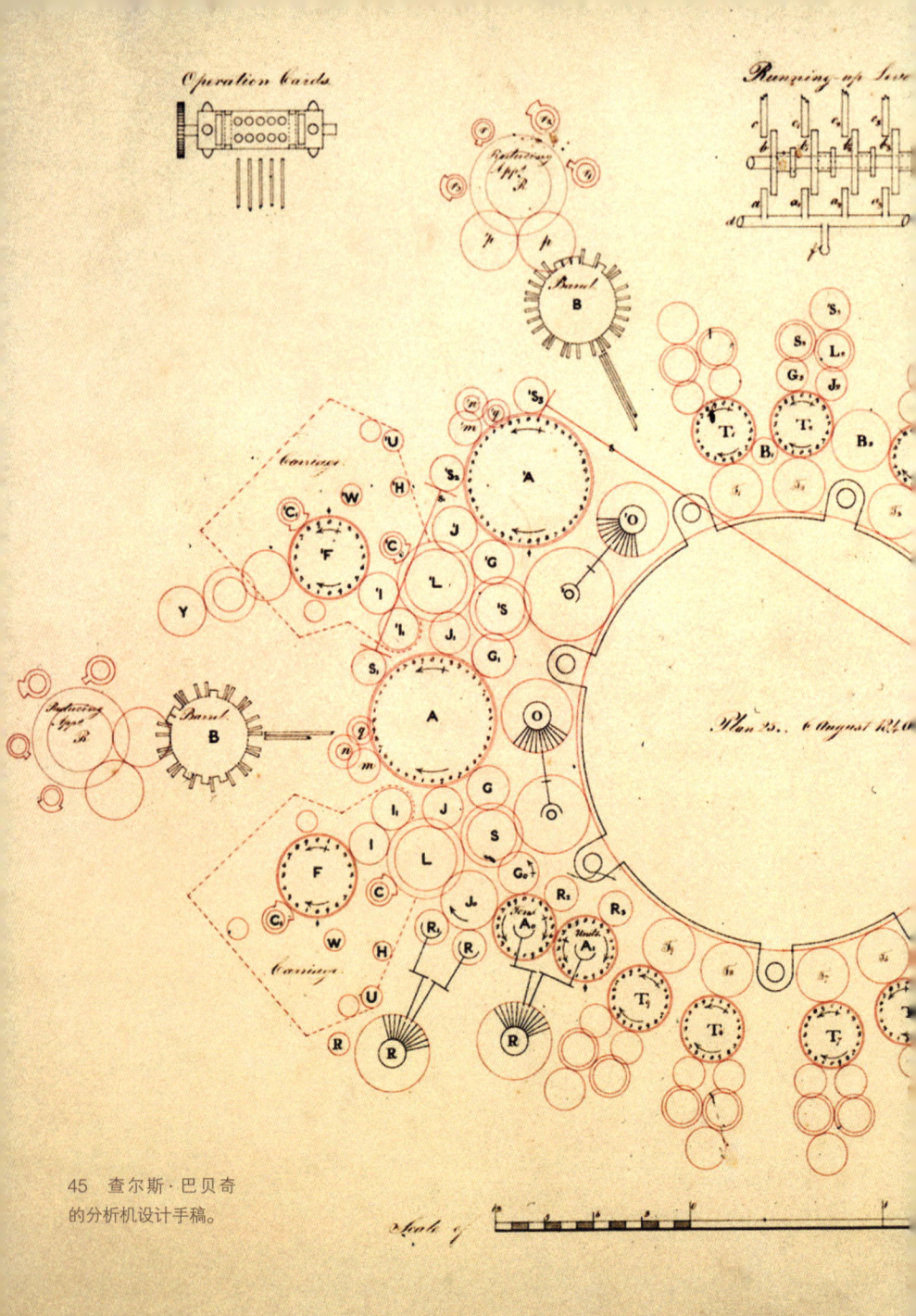

45 查尔斯·巴贝奇的分析机设计手稿。

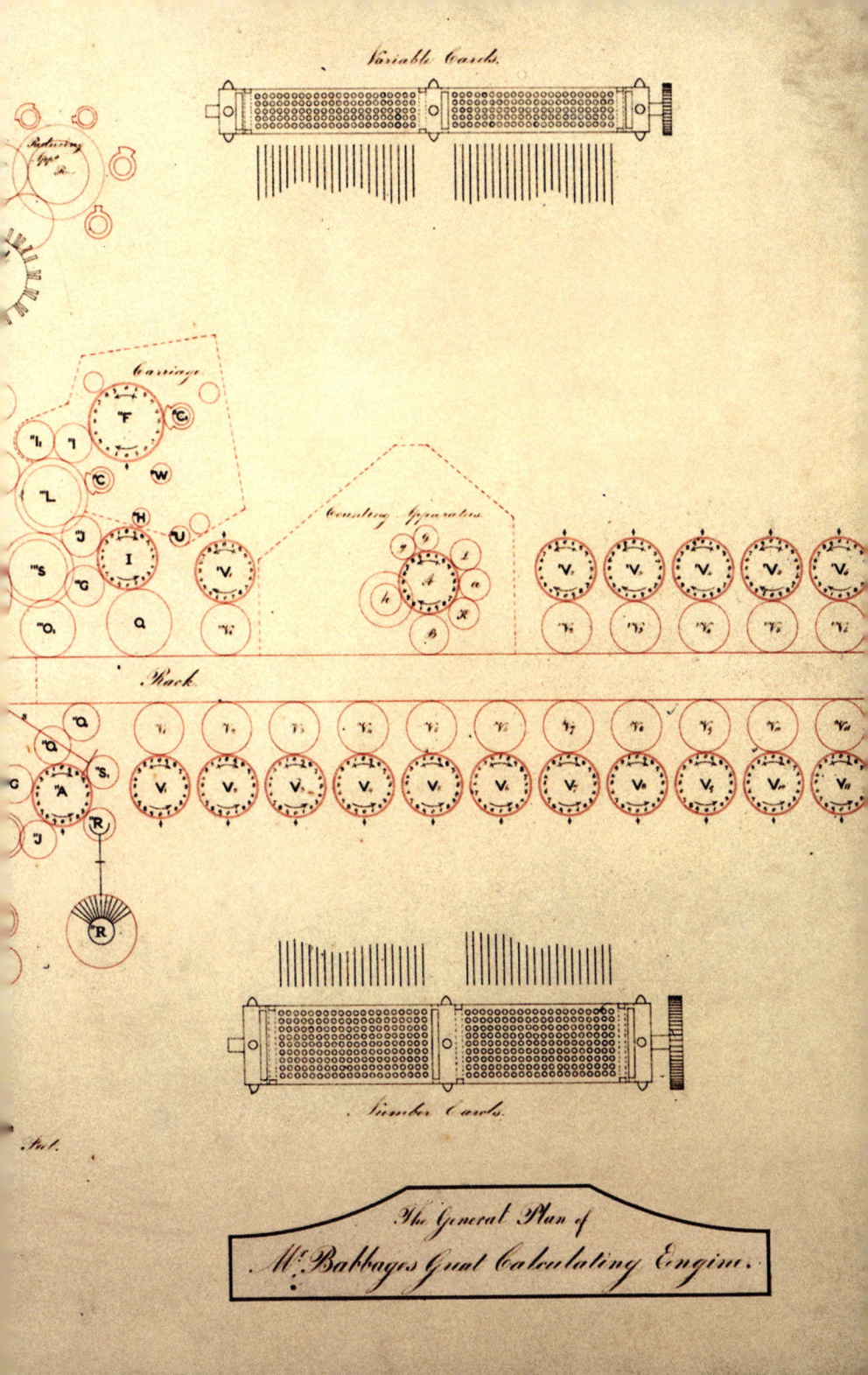

The General Plan of
Mr. Babbage's Great Calculating Engine.

46 "分析机",西德尼·帕多瓦(Sydney Padua)绘制,出自《洛夫莱斯和巴贝奇的惊险冒险》(*The Thrilling Adventures of Lovelace and Babbage*)。

Marie Jacquard)设计的提花织布机中使用的穿孔卡片。独立的打孔卡构成了如今所谓的"程序",并给出了计算的初始值。经过复杂的机械运行,分析机可以重复使用一副打孔卡片,从而完成一个输入输出循环。分析机的硬件包括数量庞大又新颖精密的机械装置:它的中央处理器,巴贝奇称为"磨坊"(mill),高达15英尺(457厘米);其内存或存储器,可存储100个50位数字,长度将达到20英尺(610厘米,巴贝奇甚至还考虑过10倍容量的机械);整机还包括打印机、打卡机和绘图机三个部件。根据巴贝奇的预估,分析机完成两个20位数乘法的计算需要3分钟。当时,运行

The Analytical Engine, had it been built to Babbage's plans in the early 1840s.
1. The Store (hard disk, or memory). 2. The Mill (Central Processing Unit). 3. Steam Engine (power). 4. Printer (printer, round the other side). 5. Operation Cards (the program). 6. Variable Cards (Addressing system) 7. Number Cards (for entering numbers). 8. The Barrel Controllers (microprograms).

如此规模的机械必须使用蒸汽动力。

因为感觉缺少英国科学机构的支持,巴贝奇对此不再抱期望,于是奔赴国外寻求资助。1842年,几位意大利科学家邀请巴贝奇前往都灵,其中一位就是路易吉·梅纳布雷亚(Luigi Menabrea)。1842年10月,梅纳布雷亚根据巴贝奇的演讲,撰写了一份关于分析机的法语科学报告(《分析机概论》),首次将分析机介绍到欧洲大陆。与此同时,埃达·洛夫莱斯也一直在考虑能为巴贝奇做些什么。另一位科学家朋友查尔斯·惠斯通(Charles Wheatstone)提议她翻译路易吉·梅纳布雷亚的报告,巴贝奇则建议她在原文的基础上增加一些注释。于是,两人并肩奋战数月,有时甚至还把洛夫莱斯勋爵拉过来当抄写员,最终稿件于1843年8月发表在泰勒主办的《科学备忘录》(Scientific Memoirs)中。文章共计66页,其中41页都是埃达撰写的注释(注释以字母A到G标记),而她只署了姓名的首字母缩写A.A.L.。

这篇文章最著名的是最后的"注释G",介绍了分析机如何通过计算伯努利数完成编程。埃达首先解释了这些数字是什么。公式

$$\frac{x}{e^x-1}$$

等于一个无穷级数

$$\frac{x}{e^x-1} = 1 - \frac{x}{2} + B_1\frac{x^2}{2} + B_3\frac{x^4}{2\cdot3\cdot4} + B_5\frac{x^6}{2\cdot3\cdot4\cdot5\cdot6} + \cdots$$

其中的 B_1，B_3，B_5 等则为伯努利数，如：

$$B_1 = \frac{1}{6}, \quad B_3 = -\frac{1}{30} \cdots$$

埃达在文中给出了一个公式：

$$0 = -\frac{1}{2}\cdot\frac{2n-1}{2n+1} + B_1\left(\frac{2n}{2}\right) + B_3\left(\frac{2n\cdot(2n-1)\cdot(2n-2)}{2\cdot3\cdot4}\right)$$
$$+ B_5\left(\frac{2n\cdot(2n-1)\cdots(2n-4)}{2\cdot3\cdot4\cdot5\cdot6}\right) + \cdots + B_{2n-1}$$

她从许多备选公式中选择了这个公式，因为"我们的目标不是简化计算，而是展示分析机功能之强大"。[3]

这个公式实际上代表了一组完整的公式，n 的每一个值都对应一个公式。用埃达的方法，只要给出前一数列的值，就可得出每一个连续的伯努利数。譬如，如果 $n = 1$，我们就得到

$$0 = -\frac{1}{2}\frac{(2-1)}{(2+1)} + B_1\frac{2\cdot 1}{2}$$

所以，

$$B_1 = \frac{1}{6}$$

如果 $n=2$，那么就是

$$0 = -\frac{1}{2}\frac{(2\cdot 2-1)}{(2\cdot 2+1)} + B_1\frac{2\cdot 2}{2} + B_3$$

所以

$$B_3 = \frac{3}{10} - (B_1 \times 2)$$

且已知

$$B_1 = \frac{1}{6}$$

则得到

47　下页跨页图："图解分析机计算伯努利数"，出自埃达·洛夫莱斯1843年翻译的路易吉·梅纳布雷亚的《分析机概论》时写下的"注释G"。这张图表有时被称为"最早的计算机程序"。

第七章　分析机

Diagram for the computation by the Engine

Number of Operation.	Nature of Operation.	Variables acted upon.	Variables receiving results.	Indication of change in the value on any Variable.	Statement of Results.	Data. $^1V_1$ 0 0 0 1 [1]	$^1V_2$ 0 0 0 2 [2]	$^1V_3$ 0 0 0 4 [n]	$^0V_4$ 0 0 0 0	$^0V_5$ 0 0 0 0
1	$\times$	$^1V_2 \times {}^1V_3$	$^1V_4, {}^1V_5, {}^1V_6$	$\begin{Bmatrix}{}^1V_2 = {}^1V_2 \\ {}^1V_3 = {}^1V_3\end{Bmatrix}$	$= 2n$	...	2	n	$2n$	$2n$
2	$-$	$^1V_4 - {}^1V_1$	$^2V_4$	$\begin{Bmatrix}{}^1V_4 = {}^2V_4 \\ {}^1V_1 = {}^1V_1\end{Bmatrix}$	$= 2n - 1$	1	...	...	$2n-1$	...
3	$+$	$^1V_5 + {}^1V_1$	$^2V_5$	$\begin{Bmatrix}{}^1V_5 = {}^2V_5 \\ {}^1V_1 = {}^1V_1\end{Bmatrix}$	$= 2n + 1$	1	...	...	...	$2n+1$
4	$\div$	$^2V_5 \div {}^2V_4$	$^1V_{11}$	$\begin{Bmatrix}{}^2V_5 = {}^0V_5 \\ {}^2V_4 = {}^0V_4\end{Bmatrix}$	$= \dfrac{2n-1}{2n+1}$	...	...	...	0	0
5	$\div$	$^1V_{11} \div {}^1V_2$	$^2V_{11}$	$\begin{Bmatrix}{}^1V_{11} = {}^2V_{11} \\ {}^1V_2 = {}^1V_2\end{Bmatrix}$	$= \dfrac{1}{2} \cdot \dfrac{2n-1}{2n+1}$	...	2	...	...	...
6	$-$	$^0V_{13} - {}^2V_{11}$	$^1V_{13}$	$\begin{Bmatrix}{}^2V_{11} = {}^0V_{11} \\ {}^0V_{13} = {}^1V_{13}\end{Bmatrix}$	$= -\dfrac{1}{2} \cdot \dfrac{2n-1}{2n+1} = A_0$	...	...	...	...	...
7	$-$	$^1V_3 - {}^1V_1$	$^1V_{10}$	$\begin{Bmatrix}{}^1V_3 = {}^1V_3 \\ {}^1V_1 = {}^1V_1\end{Bmatrix}$	$= n - 1 (= 3)$	1	...	n	...	...
8	$+$	$^1V_2 + {}^0V_7$	$^1V_7$	$\begin{Bmatrix}{}^1V_2 = {}^1V_2 \\ {}^0V_7 = {}^1V_7\end{Bmatrix}$	$= 2 + 0 = 2$	...	2	...	...	...
9	$\div$	$^1V_6 \div {}^1V_7$	$^3V_{11}$	$\begin{Bmatrix}{}^1V_6 = {}^1V_6 \\ {}^0V_{11} = {}^3V_{11}\end{Bmatrix}$	$= \dfrac{2n}{2} = A_1$	...	...	...	...	...
10	$\times$	$^1V_{21} \times {}^3V_{11}$	$^1V_{12}$	$\begin{Bmatrix}{}^1V_{21} = {}^1V_{21} \\ {}^3V_{11} = {}^3V_{11}\end{Bmatrix}$	$= B_1 \cdot \dfrac{2n}{2} = B_1 A_1$	...	...	...	...	...
11	$+$	$^1V_{12} + {}^1V_{13}$	$^2V_{13}$	$\begin{Bmatrix}{}^1V_{12} = {}^0V_{12} \\ {}^1V_{13} = {}^2V_{13}\end{Bmatrix}$	$= -\dfrac{1}{2} \cdot \dfrac{2n-1}{2n+1} + B_1 \cdot \dfrac{2n}{2}$	...	...	...	...	...
12	$-$	$^1V_{10} - {}^1V_1$	$^2V_{10}$	$\begin{Bmatrix}{}^1V_{10} = {}^2V_{10} \\ {}^1V_1 = {}^1V_1\end{Bmatrix}$	$= n - 2 (= 2)$	1	...	...	...	...
13	$-$	$^1V_6 - {}^1V_1$	$^2V_6$	$\begin{Bmatrix}{}^1V_6 = {}^2V_6 \\ {}^1V_1 = {}^1V_1\end{Bmatrix}$	$= 2n - 1$	1	...	...	...	...
14	$+$	$^1V_1 + {}^1V_7$	$^2V_7$	$\begin{Bmatrix}{}^1V_1 = {}^1V_1 \\ {}^1V_7 = {}^2V_7\end{Bmatrix}$	$= 2 + 1 = 3$	1	...	...	...	...
15	$\div$	$^2V_6 \div {}^2V_7$	$^1V_8$	$\begin{Bmatrix}{}^2V_6 = {}^2V_6 \\ {}^2V_7 = {}^2V_7\end{Bmatrix}$	$= \dfrac{2n-1}{3}$	...	...	...	...	...
16	$\times$	$^1V_8 \times {}^3V_{11}$	$^4V_{11}$	$\begin{Bmatrix}{}^1V_6 = {}^0V_8 \\ {}^3V_{11} = {}^4V_{11}\end{Bmatrix}$	$= \dfrac{2n}{2} \cdot \dfrac{2n-1}{3}$	...	...	...	...	...
17	$-$	$^2V_6 - {}^1V_1$	$^3V_6$	$\begin{Bmatrix}{}^2V_6 = {}^3V_6 \\ {}^1V_1 = {}^1V_1\end{Bmatrix}$	$= 2n - 2$	1	...	...	...	...
18	$+$	$^1V_1 + {}^2V_7$	$^3V_7$	$\begin{Bmatrix}{}^2V_7 = {}^3V_7 \\ {}^1V_1 = {}^1V_1\end{Bmatrix}$	$= 3 + 1 = 4$	1	...	...	...	...
19	$\div$	$^3V_6 \div {}^3V_7$	$^1V_9$	$\begin{Bmatrix}{}^3V_6 = {}^3V_6 \\ {}^3V_7 = {}^3V_7\end{Bmatrix}$	$= \dfrac{2n-2}{4}$	...	...	...	...	...
20	$\times$	$^1V_9 \times {}^4V_{11}$	$^5V_{11}$	$\begin{Bmatrix}{}^1V_9 = {}^0V_9 \\ {}^4V_{11} = {}^5V_{11}\end{Bmatrix}$	$= \dfrac{2n}{2} \cdot \dfrac{2n-1}{3} \cdot \dfrac{2n-2}{4} = A_3$	...	...	...	...	...
21	$\times$	$^1V_{22} \times {}^5V_{11}$	$^0V_{12}$	$\begin{Bmatrix}{}^1V_{22} = {}^1V_{22} \\ {}^0V_{12} = {}^2V_{12}\end{Bmatrix}$	$= B_3 \cdot \dfrac{2n}{2} \cdot \dfrac{2n-1}{3} \cdot \dfrac{2n-2}{3} = B_3 A_3$	...	...	...	...	...
22	$+$	$^2V_{12} + {}^2V_{13}$	$^3V_{13}$	$\begin{Bmatrix}{}^2V_{12} = {}^0V_{12} \\ {}^2V_{13} = {}^3V_{13}\end{Bmatrix}$	$= A_0 + B_1 A_1 + B_3 A_3$	...	...	...	...	...
23	$-$	$^2V_{10} - {}^1V_1$	$^3V_{10}$	$\begin{Bmatrix}{}^2V_{10} = {}^3V_{10} \\ {}^1V_1 = {}^1V_1\end{Bmatrix}$	$= n - 3 (= 1)$	1	...	...	...	...

Here follows a rep

| 24 | $+$ | $^4V_{13} + {}^0V_{24}$ | $^1V_{24}$ | $\begin{Bmatrix}{}^4V_{13} = {}^0V_{13} \\ {}^0V_{24} = {}^1V_{24}\end{Bmatrix}$ | $= B_7$ | ... | ... | ... | ... | ... |
| 25 | $+$ | $^1V_1 + {}^1V_3$ | $^1V_3$ | $\begin{Bmatrix}{}^1V_1 = {}^1V_1 \\ {}^1V_3 = {}^1V_3 \\ {}^5V_6 = {}^0V_6 \\ {}^5V_7 = {}^0V_7\end{Bmatrix}$ | $= n + 1 = 4 + 1 = 5$ by a Variable-card. by a Variable card. | 1 | ... | $n+1$ | ... | ... |

Bernoulli. See Note G. (page 722 et seq.)

		Working Variables.				Result Variables.		
$^0V_9$ 0 0 0	$^0V_{10}$ 0 0 0	$^0V_{11}$ 0 0 0	$^0V_{12}$ 0 0 0	$^0V_{13}$ 0 0 0	$^1V_{21}$ B_1 in a decimal fraction. 0	$^1V_{22}$ B_3 in a decimal fraction. 0	$^1V_{23}$ B_5 in a decimal fraction. 0	$^0V_{24}$ ... 0 0 0
					B_1	B_3	B_5	B_7
...	...	$\dfrac{2n-1}{2n+1}$						
...	...	$\dfrac{1}{2} \cdot \dfrac{2n-1}{2n+1}$						
...	...	0	....	$-\dfrac{1}{2} \cdot \dfrac{2n-1}{2n+1} = A_0$				
...	$n-1$							
...	...	$\dfrac{2n}{2} = A_1$						
...	...	$\dfrac{2n}{2} = A_1$	$B_1 \cdot \dfrac{2n}{2} = B_1 A_1$	....	B_1			
...	...	....	0	$\left\{ -\dfrac{1}{2} \cdot \dfrac{2n-1}{2n+1} + B_1 \cdot \dfrac{2n}{2} \right\}$				
...	$n-2$							
...	...	$\dfrac{2n}{2} \cdot \dfrac{2n-1}{3}$						
$\dfrac{n-2}{4}$ 0	...	$\left\{ \dfrac{2n}{2} \cdot \dfrac{2n-1}{3} \cdot \dfrac{2n-2}{3} = A_3 \right\}$						
...	...	0	$B_3 A_3$	....	......	B_3		
...	...	....	0	$\left\{ A_3 + B_1 A_1 + B_3 A_3 \right\}$				
...	$n-3$							

teen to twenty-three.

| ... | ... | .... | .... | .... | ...... | ...... | ...... | B_7 |

$$B_3 = \frac{3}{10} - \left(\frac{1}{6}\right) \times 2 = -\frac{1}{30}$$

原则上，我们可以用同样的方法来计算所有的伯努利数。

这篇译文详细阐释了分析机是如何依照卡片的指示，从"仓库"（Store）提取数据，并在"磨坊"（Mill）完成运算，最终返回"仓库"。这一过程用一张巨大的数表来演示，表中列出了分析机运行的每个阶段的变量和中间结果（图47）。

这张数表被视为"第一个计算机程序"，埃达则给出了更精准的描述："这张表显示了运算过程中，机器各部分的所有连续变化。"换句话说，这个数表就是如今计算机科学家口中的"执行跟踪"（execution trace）。如果当时有"程序"的概念，那么分析机的"程序"应该由一副穿孔卡片组成，从而保证机器连续运行。可惜巴贝奇的设计并未明确指出如何操纵这些卡片，因此很难完全复原这一程序。一百年后，人们仍然用这样的数表来解释计算机算法。杰夫·图吉尔（Geoff Toothill）后来绘制过一张类似的数表，用以说明第一台存储程序计算机"曼彻斯特宝贝"的工作原理。

埃达在文中用大量篇幅详尽阐释了分析机和打孔卡片的操作以及数表的符号，而紧随其后的"注释G"可谓点睛之笔。这篇译文不仅彰显了埃达对数学细节的执着，也体现出她在思考更宏大图景上的想象力。

她还观测到分析机的一个基本运行原理，即这种基于打孔卡片的操作，实际上是与数据和结果分离的。她观察到，只要符合数学规则，分析机在运行过程中就有可能处理数据以外的信息。

> 举例来说，如果在和声和作曲中，各种音调的声音的基本关系能采取这种呈现和编写形式，那么分析机就可以创作出达到任何复杂程度或长度的乐曲，既精妙又符合乐理。[4]

她又想到如何能让分析机完成代数运算，让它"像雅卡尔提花机编织花朵和叶子一样编织代数图案"，这个过程中，说不定还有新的发现：

> 我们甚至有可能以任意形式发明级数定律或公式，并编辑指令，使分析机依此运行，从而得出意想不到的数字结果。[5]

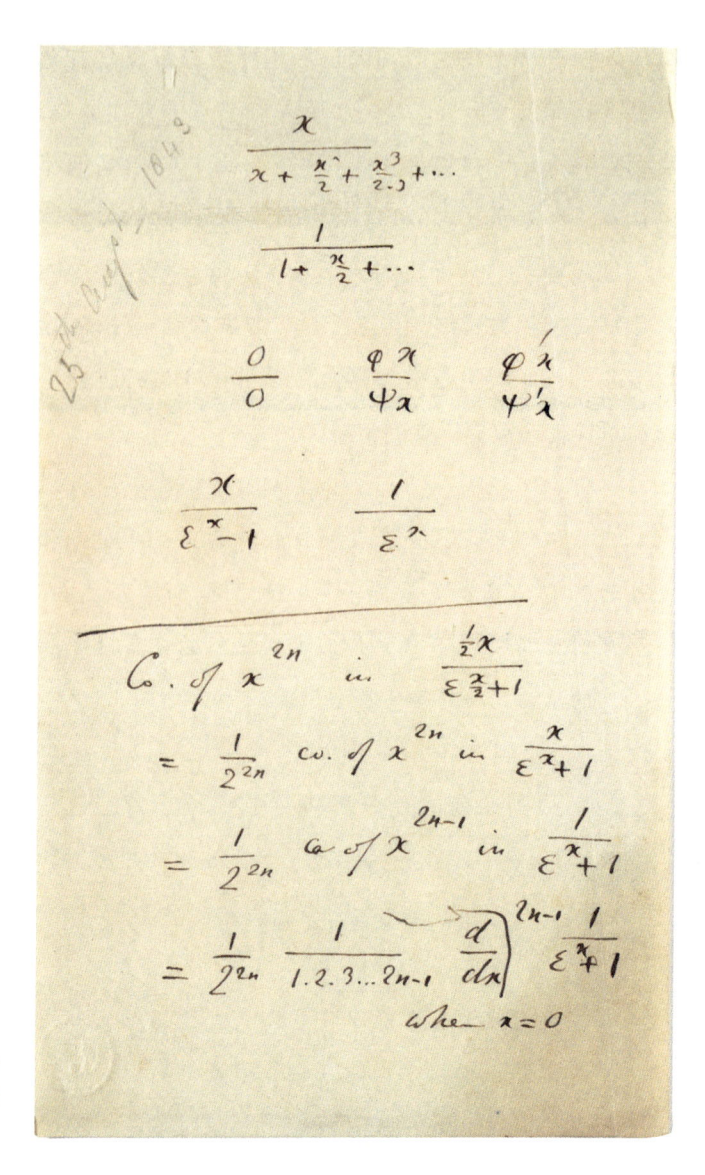

48 埃达·洛夫莱斯写下的伯努利数公式推导。

$$\frac{x}{x + \frac{x^2}{2} + \frac{x^3}{2\cdot 3} + \cdots}$$

$$\frac{1}{1 + \frac{x}{2} + \cdots}$$

$$\frac{0}{0} \qquad \frac{\varphi x}{\psi x} \qquad \frac{\varphi' x}{\psi' x}$$

$$\frac{x}{\varepsilon^x - 1} \qquad \frac{1}{\varepsilon^x}$$

$$\text{Co. of } x^{2n} \text{ in } \frac{\frac{1}{2}x}{\varepsilon^{\frac{x}{2}} + 1}$$

$$= \frac{1}{2^{2n}} \text{ co. of } x^{2n} \text{ in } \frac{x}{\varepsilon^x + 1}$$

$$= \frac{1}{2^{2n}} \text{ co. of } x^{2n-1} \text{ in } \frac{1}{\varepsilon^x + 1}$$

$$= \frac{1}{2^{2n}} \cdot \frac{1}{1\cdot 2\cdot 3 \cdots 2n-1} \left(\frac{d}{dx}\right)^{2n-1} \frac{1}{\varepsilon^x + 1}$$

$$\text{when } x = 0$$

埃达甚至想到了现在所谓的"人工智能",尽管她认为分析机无法产生原创思想:

> 分析机只能执行指令,它不可能创造任何东西。[6]

对此,艾伦·图灵提出异议,并在其名篇《计算机和智能》中,挑战他所谓的"洛夫莱斯夫人的异议"。他认为我们可以"命令"机器自发思考,通过编程来产生未曾预期的结果。

埃达关于分析机的想法非常近似于如今的程序员。她深知编程的复杂性,理解要把程序设计正确有多困难。

> 经常会有几种不同的效应同时发生,它们相互独立,又或多或少地相互作用。[7]

而且,与所有程序员一样,她也意识到必须

> 缩短完成计算所需的时间。[8]

埃达这篇文章成就非凡,在那个时代难免曲高和寡,而在近两个世纪以后,读起来却通俗易懂。它涵

also the rest of Note D — There is still one trifling misapprehension about the Variable cards — A Variable card may order any number of Variables to receive the same number upon them at the same instant of time — But a Variable card never can be directed to order more than one Variable to be given off at once because the mill could not receive it and the mechanism would not permit it. All this it was impossible for you to know by intuition and the more I read your notes the more surprised I am at them and regret not having earlier explored so rich a vein of the noblest metal.

The account of them stands thus

A   Sent to Lady L.
B   With C.B.
C   Ditto
D   Sent to Lady L
E   With C.B.
F   Returned by Lady L
G   Where is it gone??
H   With C.B.

49 1843年7月2日查尔斯·巴贝奇写给埃达·洛夫莱斯的信，当时二人正忙于修改论文手稿。

50　1843年7月10日埃达·洛夫莱斯写给查尔斯·巴贝奇的信，提议在论文中收入伯努利数，以"举例说明分析机可计算隐函数，而无需事先人工计算"。

盖代数、数学、逻辑甚至哲学知识，有对通用计算机不变原理的介绍，也有对所谓"第一个计算机程序"的详细描述，和对数据、卡片、内存、编程实践的概述。

埃达和巴贝奇大多通过书信合作，因此在交换不同版本的伯努利数数表时，也会遇到所有合作者面临的问题。因为找不到"注释 G"（图 49），巴贝奇在信中质问埃达"东西弄到哪去了？"[9]。合作接近尾声时，两人脾气都变得暴躁起来，埃达不同意巴贝奇在文章中加入对英国政府的强烈批评，而巴贝奇则拒绝让她继续参与建造分析机。

不过，巴贝奇在写给法拉第的信中，仍对埃达称赞不已：

> 那个魔女能给最抽象的科学知识施魔法，并且以一种几乎没有男性知识分子（至少在我们国家）所具有的力量牢牢抓住它。[10]

二人的合作到此终止，但仍维持朋友关系。埃达给巴贝奇的信依旧畅所欲言，谈论她正在读的数学书籍，孩子们的进步，还有她的狗、鸡和椋鸟的滑稽动作。在埃达生命的最后一年，巴贝奇陪疾病缠身的埃达去参观伦敦万国工业博览会，还嘱咐她"穿上长袜、软木底的鞋子，再带上任何可以保暖的东西"。[11] 可让巴贝奇沮丧不已的是，他的机械发明无一件参展。

51 左页图：出自 1851 年狄金森兄弟出版的《万国工业博览会图片集》。巴贝奇和埃达一同前往博览会参观，可惜其发明无一展出。

第七章 分析机

A. Das Schloß.   E. Saubnusche Kirch.   I. Das Closter.
B. Alt Steuer Kirch. F. Die Domkirch.   K. Haberbergische Kirch.
C. S. Niclaus.   G. Das Collegium.   L. Haberkrug.
D. S. Barbara.   H. Rahthaus im Kneiphoff. M. Hospital.

第八章
数学谜题和猜想

和其他数学家一样,巴贝奇和埃达也习惯丢掉演算稿纸,所幸有一张(图53)得以保存。我们可以想象这张稿纸是在怎样的热切交谈中产生的:查尔斯·巴贝奇用一支非常需要削尖点的羽毛笔在稿纸上乱写乱画,埃达·洛夫莱斯则斜倚在一旁,用铅笔补充细节。

这张稿纸上,最显眼的是一个著名的数学问题:哥尼斯堡桥问题(Königsberg Bridge Problem)。哥尼斯堡古城位于普鲁士东部(现俄罗斯加里宁格勒Kaliningrad),古城的雕刻模型显示,古城被普雷格尔河(River Pregel)分隔成四个区域,并由七座桥连接。据说,瑞士数学家莱昂哈德·欧拉(Leonhard Euler)造访当地时,发现当地人很喜欢参与一项消遣活动:在城里散步,每座桥恰好只走一遍,并回到原

52 左页图:哥尼斯堡地图,由马提亚斯·梅里安绘制于1641年。从图中可见普雷格尔河穿过哥尼斯堡,河上有七座桥。

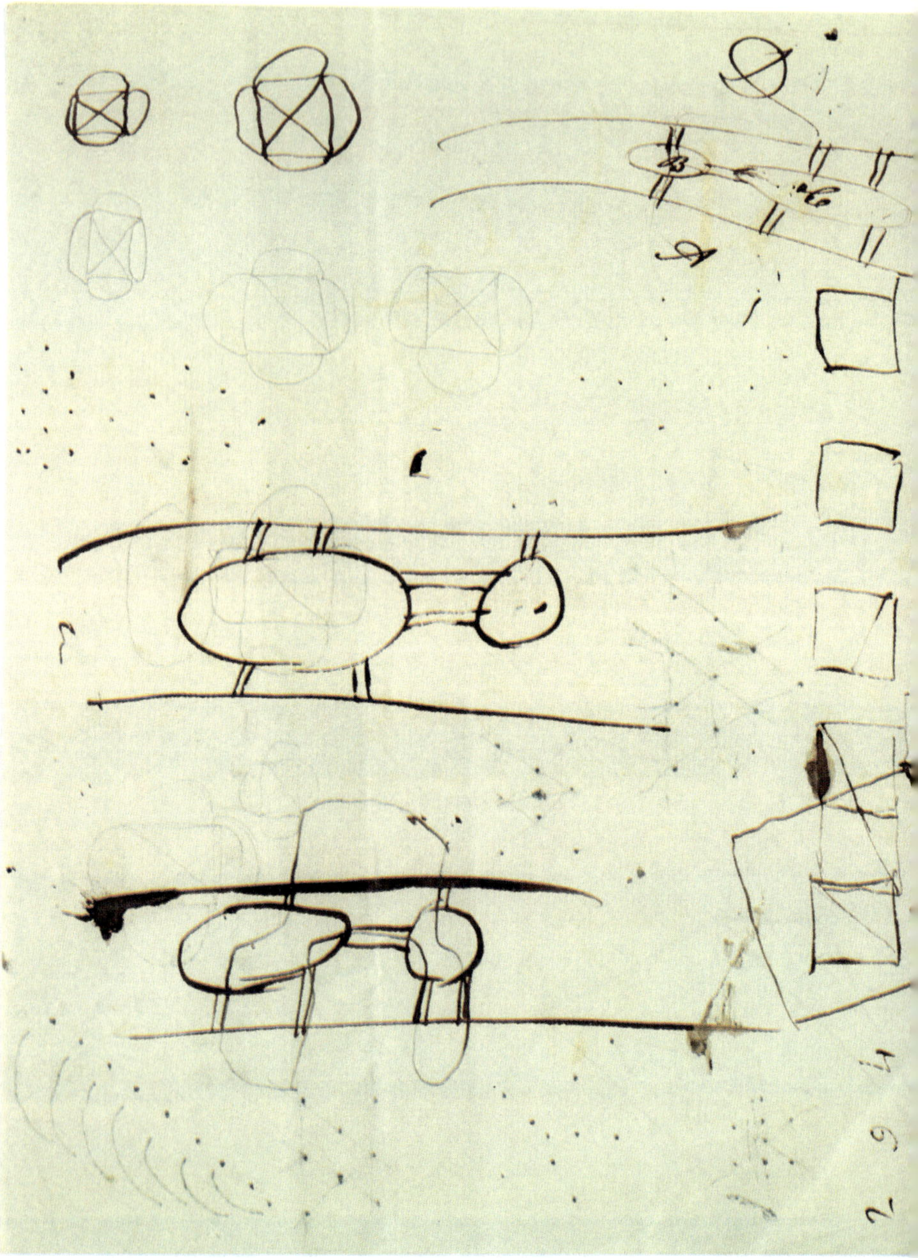

$4 \times 3 + 4 \times 2 + 1 \times 4$
$12 + 8 + 4 = 24$

30

No return

there are an odd N^o g Bridge   2   No ending except
you do not begin you must end   4   in island
it

53 前页：埃达·洛夫莱斯与查尔斯·巴贝奇破解数学难题的手稿（1840 年左右）。手稿主体部分是阐述哥尼斯堡大桥问题的图片和文字，此外还有一个魔术方阵（右下角）和一个毕达哥拉斯定理图（中心的旋转图）。

出发点。因为从未有人成功，人们开始怀疑这是不可能完成的任务。更让欧拉惊讶的是，当地人笃信这是个数学问题。然而，在他看来，数学就是代数和几何，他在 1736 年写道：

> 我不明白你们为什么指望一个数学家而不是其他人来解开谜底，解这个谜只需要理性思考，而不依赖任何数学原理。[1]

欧拉随后给出了解答，他指出，只有当从每个区域出发都有偶数座桥可供选择时，才能完成任务。

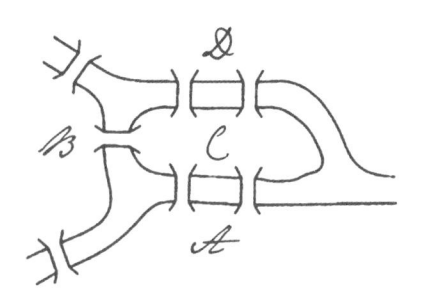

如今，哥尼斯堡的地图已被几何化，用点表示陆地，用线表示连接两块陆地的桥。

如下图，我们可以看到从每个点（或陆地区域）出发的线（或桥）的数量分别是 3、3、5 和 3。由于线的数量都是奇数，哥尼斯堡的居民注定要失败，每座桥只走一遍的路径是不存在的。

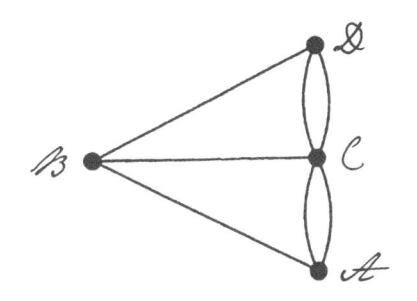

在草图中，巴贝奇画了好几种不同的岛屿和桥梁的替代图形，有人试着在其中一个图形上描出了一条轨迹，如果仔细观察，能看到铅笔在潮湿的墨水中拖过的痕迹——画线的很可能就是埃达·洛夫莱斯。巴贝奇还草草写下了几条命令："不能返回""假如有奇数条桥梁，那么终点不是起点""终点只能在岛上"。这一解释不仅给出解决方案，同时总结出一组规则，或者说一种"算法"——适用于解决一般问题。如果这是首次出现对"算法"的描述，那么这张草稿纸就更令人激动了。可惜不然，法国数学家路易斯·普安索在1810年出版的一本书中就提到了"算法"，而我们也知道巴贝奇恰好有这本书。

欧拉对哥尼斯堡桥问题的描述是"图论"的最早

范例之一。"图"可以模拟各种网络和通信结构，如道路、计算机电路或社交网络。如今在卫星导航系统中，通过"图"寻求不同路径的算法，被用于确定方向，在生物学中用于从碎片中重建 DNA 序列，而在社交网络中则被用来规划营销活动。

1834 年，埃达向金博士提了一个有关毕达哥拉斯定理的问题，把她的导师难住了。她认为正方形和三角形的关系图可以用来证明毕达哥拉斯定理，但前提是三角形的边长分别为 1、2 和 $\sqrt{5}$ 个单位长。为了证明这一点，可将长度为 2 个单位长的正方形如图所示切开，沿三角形的斜边重新排列正方形上的几小片，中间只剩下一个小正方形，边长为 1 个单位长，正好等于三角形短边上的正方形，从而证明了她的猜测。

巴贝奇和埃达那张草稿上还有一些无法解读的笔记和涂鸦，尽管在图的左下角清晰可见用铅笔画出的点和线，似乎捕捉到了某种算法。不得不说，这张演算稿内容十分丰富，使二人关于"算法"的非正式对话跃然纸上。在当时，他们两人对计算机的了解大概无人能及。

草稿右下角还展示了一个魔术方阵，这些数字按一定的规律排列，使任意方向上的数字之和保持一致。魔术方阵旁边有一个图表，表明建构方阵的算法，就是基于将数字 1 到 9 填写在格子里并交换其位置。

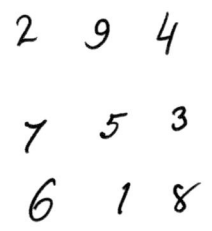

$$\begin{matrix} 2 & 9 & 4 \\ 7 & 5 & 3 \\ 6 & 1 & 8 \end{matrix}$$

1848 年 9 月，巴贝奇暂住在洛夫莱斯家时，做了些笔记，其中也出现了相同的魔术方阵和网格图。在笔记里，巴贝奇还提到了新设计的一款画图打叉游戏的机器，并简要介绍了部分算法和设计原理。他给这款游戏机起了个可爱的名字"Tit-tat-to"。巴贝奇花了近 20 年时间钻研画图打叉游戏，发明了一种标记棋盘位置的方法，并研究了游戏策略和画图打叉游戏机的建造方法。他有一个阶段甚至计划通过收取高昂的演示费来筹集资金，但这多少有些不切实际。在巴贝奇结束拜访离开后，埃达曾写信鼓励他：

> 您上次对 Tit-tat-to 只字未提，我担心您会半途而废。我真心希望您能完成这项工作，尤其是，这项工作前景看起来非常可观。[2]

巴贝奇认为这套算法同时适用于国际象棋及其他益智游戏。几年前，埃达曾写信和他提过孔明棋。孔明棋也是一种益智游戏，玩家按照一定规则从棋盘上依次移走棋子，直到剩下最后一个棋子，游戏结束（图 54）。

> 我想知道孔明棋的走棋方法是否可以通过数学公式算出。虽然现在还没解出来，但我坚信一定是有解的。孔明棋一定遵循一种确定的原理，一种数字和几何性质的结合，而走棋方法的演算就依赖于这一原则，并可以通过符号语言表达。[3]

埃达的想法可以说超前于时代许多年，现在我们已经知道，确实存在这样一种"确定的原理"。

她在信中还提到了关于数学和数学发现的问题，并告诉巴贝奇，她可能研究出一套通过实例论证数学发现的原理和方法的体系。我已经记下了迄今为止所取得的一系列发现，以便研究它们的历史、起源和进展。无论何时何地，当我讨论"数学发现"时，首要也是最重要的一点，是定义并分类"发现"一词所包含的所有内容。[4]

可惜这个数学发现清单未能留存下来。埃达也分享了自己对数学和想象力的体会：

想象力是发现的能力……数学科学告诉我们真实的情况，它是揭示事物之间隐形关系的语言。但要运用这种语言，我们必须全心投入，去欣赏和感受，去抓住看不见的、无意识的东西。想象力也揭示真实的情况，这种真实是超出感官范畴的。因此，想象力……她是由真正的科学人特意培养出来的，他们希望理解我们的世界！[5]

54　孔明棋棋盘。埃达·洛夫莱斯坚信有一种数学方法能解开其中奥秘。

第八章　数学谜题和猜想

55 下页图：埃达·洛夫莱斯书信中的几小段（日期不详），可能是写给她母亲的，信中讨论了"诗意的科学"。

这种体会让人想起诗人柯勒律治，而埃达本人恰好也考虑过写数学诗。她曾告诉丈夫，这个想法定会让母亲大吃一惊。因为，这将是"一种独特的诗歌形式，可能要比世界上任何事物更哲学，更高级"，它会超越"数学天文学的宇宙观"。因此如果她在月球上吟诗，那"主题将会是地球上的生物，或是从月球上所见地球的模样。这首诗将是一首无比崇高的诗歌，但只字不提数学和运动原理"。[6]

在给母亲的信中，她说道：

> 想必您不会同意我写什么哲学诗歌，一定会说这简直违背常理！哪里有什么诗意的哲学、诗意的科学？[7]

这段话非常有名，它充分体现了埃达数学思维的广度（图55）。

person not yet 30, (& with all my sufferings, I am yet vigorous enough I am sure) may do anything, if they will but go to school. It is no bad epoch of life to begin education from.

Are we d'accord now do you think, about poetry & music & philosophy? — I don't consider that as yet I have made anything like full use of music; and often much foolish abuse indeed.

You will not concede me <u>philosophical poetry</u>. I invert the order! Will you give me <u>poetical philosophy</u>, <u>poetical science</u>? —

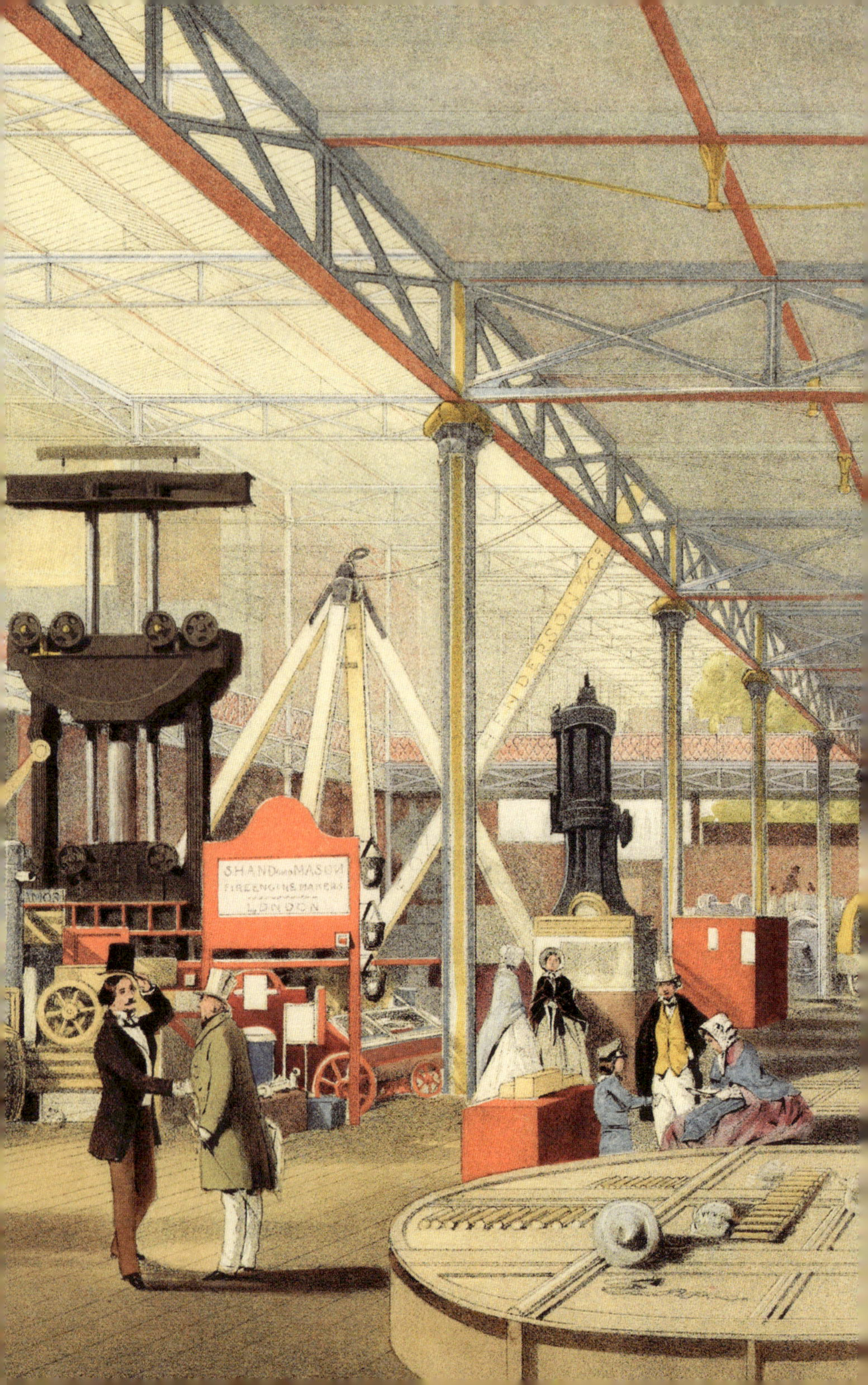
SHAND and MASON
FIREENGINE MAKERS
LONDON
NDERSON & Co.

第九章
晚年生活

　　直到生命的最后时刻,埃达·洛夫莱斯依然对科学兴趣盎然。她的书信内容涉及农业、代数、算术、天文学、化学、电学、几何学、磁学、数学、催眠术、自然科学、颅相学、摄影术、生理学、统计学和电报。

　　在探索科学世界的旅途中,埃达并不孤单。1834年,巴贝奇的朋友威廉·休厄尔(William Whewell)在评论玛丽·萨默维尔的书时,首次使用"科学家"一词。在那个年代,科学出版物也会成为畅销书,例如1844年匿名出版的《创世自然史的遗迹》(*Vestiges of the Natural History of Creation*)就备受关注。书中出现了一些争议性观点,并暗示了达尔文的进化论。艾伯特亲王(Prince Albert)、查尔斯·达尔文和埃达·洛夫莱斯都曾被怀疑是该书的作者,而该书真正作者罗伯特·钱伯斯(Robert Chambers)的身份在

56　1851年"万国工业博览会"的机器展厅里陈列着印刷机、农用机械、铁路发动机,甚至还有一台蒸汽动力的棉花纺纱机。维多利亚女王两小时才结束参观,感叹其"妙趣横生又极具教育意义……过去人工需要花几个月完成的工作,现在用精美的机器在几分钟内就能完成"。

四十年后才被披露。

在皇家统计学会等新兴组织的推动下,人们对收集、出版和分析数据的兴趣日益增长,这些数据被运用于航海业、保险业和农业等领域做有实际价值的发现。埃达的丈夫洛夫莱斯伯爵是该组织的早期成员。他是一位极具改革思想的地主,发表过许多关于农业改革的文章,如《在同一块土地上种植豆类和卷心菜的方法》(Method of Growing Beans and Cabbages on the Same Ground)。1848 年,他发表的文章《论气候与农业的关系》(On Climate in Connection with Husbandry)评述了法国作家阿格诺·德·加斯帕林(Agénor de Gasparin)关于用不同的数学理论将气候与农作物产量联系起来的著作。洛夫莱斯伯爵夫人还在文中加了两段很长的脚注,署上她的名字首字母缩写 A.A.L.。她写道:

> 要找到反映气候与植物生长之间关系的普遍规律,必须广泛收集并积累大量的事实。[1]

她还提议用比利时统计学家阿道夫·奎特莱(Adolphe Quetelet)的数学理论代替加斯帕林的植物

生长理论。在这一点上,她与现代科学家观点一致。

埃达理解摄影对科学的重要性,在这方面她也走在了时代前列。她曾写道:

> 我们相信且从未怀疑过摄影在人类知识进程中起到何等重要的作用。[2]

在脚注中,她建议借助约翰·赫歇尔的曝光计研究阳光和植物生长之间的关系。这是一个发条装置,将相纸置于镜头下,当太阳光照射时就能在纸上产生影像。正如埃达所言,该设备避免了在图表上记录常规观测结果的麻烦。

她还提出将摄影用于现在所谓的众包(crowdsourcing):

> 业余爱好者,不论男女,如果都愿意把这项实验当作业余消遣,并在日志中记录观察结果,那么用不了几年,我们就会拥有大量记录在案的事实,用以和科学观察结果比对。[3]

埃达一度沉迷于当时流行的一种催眠术——梅斯梅尔术(mesmerism),她还作文讨论如何通过实验研究这种催眠术对人体化学的影响。她甚至特意读了一本关于毒药的书，只是书的内容不尽如人意，单纯罗列很多实例，并没有给出抽象原则供读者"推理"。埃达远远领先于她的时代，她的志向在于研究"神经系统演算"[4]，以了解心灵的工作原理：

> 通过观察大脑活动现象，我能找出对应的数学方程。简言之，归纳大脑中分子间相互作用的法则（相当于行星和恒星世界的万有引力定律）。[5]

或许她想效仿巴贝奇，设想出一组机械符号，类似于如今计算机芯片设计中的视觉语言。毋庸置疑，它们的确可用于描述分子间的相互作用。

埃达·洛夫莱斯一生饱受疾病折磨，晚年又被诊断出患有子宫癌。医生给她开的麻醉药剂量逐日增加，

57　1844年11月15日埃达·洛夫莱斯写给沃隆佐·格雷格的信，谈到了她对"神经系统演算"的期待。

并配以酒精来对抗副作用。这或许可以解释为什么她在一些私人信件中口出狂言，尤其是在给母亲的信中，曾雄心勃勃地宣称自己有数学天赋。她希望最终能给世界留下一份数学遗产，但我们已无从得知她所谓的"遗产"具体是什么。也许，她想像她的朋友玛丽·萨默维尔那样，留下几本教科书和译著；抑或像德·摩根那样，留下几篇数学论文；又或许效仿查尔斯·巴贝奇和他的机械符号，留下未公开发表但影响深远的创新技术；或写出像钱伯斯的《创世自然史的遗迹》那样有广泛影响的著作；甚至是某种形式的"数学诗歌"？

埃达·洛夫莱斯的数学成就彰显她精益求精的科研态度，致力于从基本原理出发解决问题和攻克重大问题的决心。奥古斯都·德·摩根对她评价极高，认为她能够取得的成就绝不局限于那篇关于分析机的文章。他在给拜伦夫人的信中，不吝赞美之词：

> 您的女儿思维超群……对任何初学者来说，不论男女，这都是难能可贵的。[6]

他还说：

如果有哪个即将进入剑桥大学并刚刚踏入数学领域的年轻人（特别是男性）拥有埃达这般能力，我定会预言……剑桥的教育会助他成为一名极具独创精神的数学研究者，也许还会取得世界一流的成就。[7]

不过，他也善意提醒过拜伦夫人，投身数学研究可能会让埃达的身体更加衰弱。

在19世纪的英国，一个从事科学研究的女性要想取得成就，需要同时拥有很多幸运的条件：教育和书籍；才华和抱负；自信力及他人的认可和培养；健康的体魄；父母和丈夫的支持；财富和社会地位。那时，女性无法上大学，也不能参加科学社团或出入学术图书馆。女性在求知路上，首先需要一个能力出众的家庭教师和众多指导者；随着她的兴趣日益成熟，又需要导师提供参加学术会议和阅读科学论文的机会，并以平等的姿态与之合作，提出批评和赞扬。她需要让大家认可她的天赋和抱负，因为在当时，人们普遍认为数学不是适合女性的高雅活动，女性无法从事严肃的数学研究，或者没有足够的能力从事这项研究。

埃达·洛夫莱斯于1852年11月27日去世，年仅 36 岁。在生命的最后几周，尽管病痛缠身，她还是请人为她画肖像画，要求在她死后将画像复制赠予朋友们。依照其生前遗愿，埃达被安葬在诺丁汉郡的赫克诺尔，长眠于父亲拜伦身旁。立了一座纪念碑，碑上刻着她写的一首诗，题为《彩虹》——二十多年前她曾给弗伦德写信讨论彩虹。

可以说，埃达·洛夫莱斯并没有取得什么有深远意义的数学成就——她从未做出任何重大的数学或科学发现。诚然，与当时欧洲许多顶尖数学家相比，埃达·洛夫莱斯的贡献微乎其微，她的导师巴贝奇、德·摩根和萨默维尔可以说亦是如此，尽管他们著作颇丰。然而，正如本书中的书信和手稿所示，埃达对数学的洞察力和理解力，对那个时代的女性而言几乎是独一无二的。因此，当我们遗憾她未能取得更大成就时，更应该赞颂她所取得的成就。更值得反思的是，为何在那个时代不乏才华横溢的女性，有机会取得成就的却屈指可数？

58　在生命的最后几个月，埃达·洛夫莱斯极度痛苦，仍坚持请亨利·温德姆·菲利普斯（Henry Wyndham Phillips）为其作肖像画。按照她的要求，这张画像的复制品在她死后赠予友人们。

第九章　晚年生活

埃达·洛夫莱斯的作品和事迹是后来很多人的灵感源泉,她的名字屡屡出现在庆祝女性科学家的活动中,出现在书籍、戏剧和漫画小说中。埃达·洛夫莱斯芳名永流传。

59 拜伦夫人在莱斯特郡柯克比马洛里的教堂墓地为女儿建的纪念碑,上面刻着埃达的诗《彩虹》,诗的结尾写道:"一束隐秘的光永不熄灭,以最纯粹的色彩,穿透云层!"

注释

第一章

1. George Gordon, Lord Byron, *Childe Harold's Pilgrimage*, canto 3, stanza 1.
2. George Gordon, Lord Byron, Letter to Lady Melbourne, 18 October 1812, in *Famous in My Time: Byron's Letters and Journals*, Volume II: *1810–1812*, ed. Leslie A. Marchand, John Murray, London, 1973, p. 231.
3. George Gordon, Lord Byron, *Don Juan*, canto 1, stanza 12.
4. Ibid., stanza 13.
5. Samuel Taylor Coleridge, *Coleridge's Notebooks: A Selection*, ed. Seamus Perry, Oxford University Press, Oxford, 2002, p. 39.

第二章

1. Lady Byron to William Frend, 23 August 1818 (Dep. Lovelace Byron 71, fol. 35v).
2. Governess's notebook (Dep. Lovelace Byron 118/5, fol. 4r).
3. Ibid., fol. 2r.
4. Notebook kept by Lady Byron for Ada, Jun–Oct 1821 (Dep.

Lovelace Byron 118/6, fols 3r–3v).
5. Governess's notebook (Dep. Lovelace Byron 118/5).
6. Ibid., fols 6v–7r.
7. Notebook kept by Lady Byron for Ada, Jun–Oct 1821 (Dep. Lovelace Byron 118/6, fol. 4r).
8. Ibid., fol. 3r.
9. Ibid., fol. 27r.
10. Ibid., fol. 28r.
11. Ibid., fols 27r–27v.
12. Ibid., fol. 27v.
13. Ada Byron to Lady Byron, 22 November 1828 (Dep. Lovelace Byron 41, fol. 78r).
14. Childhood arithmetic exercises, 1829 (Dep. Lovelace Byron 175, fol. 176r).
15. Lady Byron, Letter to Augusta Leigh, December 1823, in *The Works of Lord Byron: Letters and Journals*, vol. VI, ed. Rowland E. Prothero, John Murray, London, 1904, p. 330.
16. Ada Byron to Lady Byron, 7 April 1828 (Dep. Lovelace Byron 41, fol. 57v).
17. Ibid.
18. Ibid., fols 57v–58r.
19. Ada Byron to Lady Byron, 7 April 1828 (Dep. Lovelace Byron 41, fol. 58r).

第三章

1. Lady Byron to Dr King, describing a plan for her daughter's education (Dep. Lovelace Byron 77, fol. 35r).
2. Ibid., fol. 35v.
3. William Frend to Lady Byron (Dep. Lovelace Byron 71, fol.

153r).
4. Ada Byron to William Frend (Dep. Lovelace Byron 171, fols 127r–127v).
5. Ibid., fol. 127v.
6. Ada Byron to Dr King (Dep. Lovelace Byron 172, fol. 126v).
7. Ada Byron to Dr King (Dep. Lovelace Byron 172, fol. 131r).
8. Ada Byron to Dr King (Dep. Lovelace Byron 172, fol. 132r).
9. Dr King to Ada Byron (Dep. Lovelace Byron 172, fol. 133r).
10. William Frend to Ada Byron (Dep. Lovelace Byron 71, fol. 194r).
11. Lord William King was no relation to Ada's erstwhile tutor Dr William King.
12. Ada King to Mary Somerville (Somerville Papers, Dep. c.367, Folder MSBY-3, fols 55v–56r).
13. Ada King to Mary Somerville (Somerville Papers, Dep. c.367, Folder MSBY-3, fol. 70).
14. Mary Somerville to Ada Byron (Dep. Lovelace Byron 174, fol. 19r).
15. Ada Lovelace to Lady Byron (Dep. Lovelace Byron 41, fol. 103r).
16. Lady Byron to Ada Lovelace (Dep. Lovelace Byron 337, 11 Feb. 1838).

第四章

1. Charles Babbage, *History of the Invention of the Calculating Engines*, Buxton Papers, Museum of the History of Science, Oxford, p. 10.
2. Charles Babbage, *Passages from the Life of a Philosopher*,

Longmans, Green, London, 1864, p. 17.

3. Lady Byron to Dr King, describing the Difference Engine as "the thinking machine", 1833 (Dep. Lovelace Byron 77, fol. 217r).

4. *Memoir of Augustus De Morgan, by his wife Sophia Elizabeth De Morgan, with selections from his letters*, Longmans, Green, London, 1882, p. 89.

5. Ada Lovelace to the Earl of Lovelace, 29 November 1844 (Dep. Lovelace Byron 166, fol. 163v).

第五章

1. Ada Lovelace to Lady Byron, 29 July 1840 (Dep. Lovelace Byron 41, fol. 179v).

2. Ada Lovelace to Augustus De Morgan, n.d. (Dep. Lovelace Byron 170, fol. 51v).

3. Augustus De Morgan to Ada Lovelace, n.d. (Dep. Lovelace Byron 170, fol. 35r).

4. Ada Lovelace to Augustus De Morgan, n.d. (Dep. Lovelace Byron 170, fol. 83r).

5. Ada Lovelace to Lady Byron, 29 July 1840 (Dep. Lovelace Byron 41, fol. 179v).

6. Ada Lovelace to Augustus De Morgan, January 1841 (Dep. Lovelace Byron 170, fols 91v–91r).

7. Ada Lovelace to Augustus De Morgan, 27 November 1840 (Dep. Lovelace Byron 170, fol. 149r).

8. Ada Lovelace to Augustus De Morgan, 27 November 1840 (Dep. Lovelace Byron 170, fol. 149v).

9. Ada Lovelace to Augustus De Morgan, 1840 (Dep. Lovelace Byron 170, fol. 11r).

10. Ibid.
11. Ibid.
12. Ada Lovelace to Augustus De Morgan, 13 September 1840 (Dep. Lovelace Byron 170, fols 48v–49v).
13. Augustus De Morgan to Ada Lovelace, 15 September 1840 (Dep. Lovelace Byron 170, fol. 14r).
14. Ada Lovelace to Lady Byron, 21 November 1840 (Dep. Lovelace Byron 41, fol. 187r).
15. Ada Lovelace to Augustus De Morgan, 22 December 1840 (Dep. Lovelace Byron 170, fols 70r–70v).
16. Ada Lovelace to Lady Byron, 11 January 1841 (Dep. Lovelace Byron 42, fol. 9v).

第六章

1. Ada Lovelace to Augustus De Morgan, 19 September 1841 (Dep. Lovelace Byron 170, fol. 127r).
2. Charles Babbage, *Passages from the Life of a Philosopher*, Longmans, Green, London, 1864, p. 136.
3. Ada Lovelace to Augustus De Morgan, 6 February 1841 (Dep. Lovelace Byron 170, fols 98r–98v).
4. Ada Lovelace to Augustus De Morgan, 10 November 1840 (Dep. Lovelace Byron 170, fol. 65v).
5. Ada Lovelace to Augustus De Morgan, 19 September 1841 (Dep. Lovelace Byron 170, fol. 128r).
6. Augustus De Morgan to Ada Lovelace, 15 October 1840 (Dep. Lovelace Byron 170, fol. 19v).
7. Augustus De Morgan, *The Differential and Integral Calculus*, Baldwin & Cradock, London, 1842, p. vii.
8. Ibid., p. vii.

9. Ada Lovelace to Augustus De Morgan, 21 November 1841 (Dep. Lovelace Byron 170, fol. 143).

第七章

1. Quoted in Doron Swade, *The Cogwheel Brain*, Little, Brown, London, 2000, p. 95.
2. Charles Babbage, *Passages from the Life of a Philosopher*, Longmans, Green, London, 1864, p. 136.
3. Ada Lovelace, "Sketch of the Analytical Engine invented by Charles Babbage, Esq., by L. F. Menabrea ... with Notes by the Translator", *Scientific Memoirs*, vol. 3, ed. Richard Taylor, 1843, pp. 666–731, on p. 725.
4. Ibid., p. 694.
5. Ibid., p. 722.
6. Ibid.
7. Ibid., p. 710.
8. Ibid.
9. Charles Babbage to Ada Lovelace (Dep. Lovelace Byron 168, fol. 45v).
10. Michael Faraday, *The Correspondence of Michael Faraday*, vol. 3, ed. Frank A.J.L. James, Institution of Engineering and Technology, London, 1996, p. 164.
11. Charles Babbage to Ada Lovelace (Dep. Lovelace Byron 168, fols 64r–64v).

第八章

1. B. Hopkins and R.J. Wilson, "The Truth about Königsberg", *College Mathematics Journal* 35, 2004, pp. 198–207.

2. Ada Lovelace to Charles Babbage, 18 October 1848 (British Library Add MS. 37194, fol. 197r, v).
3. Ada Lovelace to Charles Babbage, 16 February 1840 (British Library Add MS. 37191, fol. 332v).
4. Ada Lovelace to Charles Babbage, 2 July 1843 (British Library Add. MS. 37192, fol. 335v).
5. Ada Lovelace, Note dated 5 January 1841 (Dep. Lovelace Byron 175, fols 199a–v and 200r).
6. Ada Lovelace to the Earl of Lovelace, n.d. (Dep. Lovelace Byron 166, fols 196r–196v).
7. Ada Lovelace, probably to Lady Byron, n.d. (Dep. Lovelace Byron 44, fol. 210r).

第九章

1. Earl of Lovelace, "On Climate in Connection with Husbandry, with reference to a work entitled 'Cours d'Agriculture, par le Comte de Gasparin'", *Journal of the Royal Agricultural Society* 9, 1848, pp. 311–40.
2. Review of translation of Reichenbach, about 1846 (Dep. Lovelace Byron 175, fol. 211).
3. Ibid.
4. Ada Lovelace to Woronzow Greig, 15 November 1844 (Oxford, Bodleian Library, Mary Somerville Papers, MS. Dep. c. 367, Folder MSBY–9, fol. 255r).
5. Ibid., fol. 254r.
6. Augustus De Morgan to Lady Byron, 21 January 1844 (Dep. Lovelace Byron 339).
7. Ibid.

延伸阅读

埃达·洛夫莱斯传记

Joan Baum, *The Calculating Passion of Ada Byron*, Archon Books, Hamden CT, 1986.

James Essinger, *Ada's Algorithm: How Lord Byron's Daughter Ada Lovelace Launched the Digital Age*, Gibson Square, London, 2013.

Doris Langley Moore, *Ada, Countess of Lovelace*, John Murray, London, 1977.

Miranda Seymour, *In Byron's Wake*, Simon & Schuster, London, 2018.

Dorothy Stein, *Ada: A Life and a Legacy*, MIT Press, Cambridge MA, 1985.

Betty Alexandra Toole, *Ada, the Enchantress of Numbers*, Strawberry Press, Mill Valley CA, 1992.

Benjamin Woolley, *The Bride of Science: Romance, Reason, and Byron's Daughter*, Macmillan, London, 1999.

其他背景材料

Allan Chapman, *Mary Somerville and the World of Science*,

Canopus, Bristol, 2004.

Raymond Flood, Adrian C. Rice and Robin J. Wilson, *Mathematics in Victorian Britain*, Oxford University Press, Oxford, 2011.

Sydney Padua, *The Thrilling Adventures of Lovelace and Babbage: The (Mostly) True Story of the First Computer,* Particular Books, London, 2015.

Laura J. Snyder, *The Philosophical Breakfast Club: Four Remarkable Friends Who Transformed Science and Changed the World*, Broadway Books, New York, 2012.

Doron Swade, *The Cogwheel Brain: Charles Babbage and the Quest to Build the First Computer*, Little Brown, London, 2000.

Robin Wilson, *Four Colors Suffice: How the Map Problem Was Solved*, Princeton University Press, Princeton NJ, 2013.

图片版权

The Ada Lovelace Papers reprinted by permission of Pollinger Ltd, www.pollingerltd.com

1 © UK Government Art Collection
2 © National Portrait Gallery, London
3 National Library of Scotland, John Murray Archive
4 Oxford, Bodleian Library, 1707 d.84
5 © Victoria and Albert Museum, London
6 Wellcome Library, London
7 © National Portrait Gallery, London
8 The Principal and Fellows of Somerville College, Oxford
9 The Principal and Fellows of Somerville College, Oxford
10 © Victoria and Albert Museum, London, Given by John Sheepshanks, 1857
11 Oxford, Bodleian Library, Dep. Lovelace Byron 41, fols 3v–4r
12 Oxford, Bodleian Library, Opie H 195
13 Oxford, Bodleian Library, John Johnson Collection: Games 16 (3)
14 Oxford, Bodleian Library, Dep. Lovelace Byron 175, fols 175v–176r
15 Oxford, Bodleian Library, Dep. Lovelace Byron 41, fols

57v-56r
16 Oxford, Bodleian Library, Radcliffe Science Library, *Mechanics' Magazine,* 1852 Sept 25, vol 57, Per. 1861 e. 73
17 © Victoria and Albert Museum, London, given by Isobel Constable
18 Oxford, Bodleian Library, Douce BB 698, Pl. XV
19 Oxford, Bodleian Library, Dep. Lovelace Byron 171, fol. 127
20 Oxford, Bodleian Library, Dep. Lovelace Byron 170, fols 177v–176r
21 The Principal and Fellows of Somerville College, Oxford
22 Whipple Museum of the History of Science, University of Cambridge
23 Wikimedia Commons
24 © National Portrait Gallery, London
25 © Dan Winters/Courtesy of the Computer History Museum
26 Science Museum Library/Science & Society Picture Library
27 © National Portrait Gallery, London
28 Oxford, Bodleian Library, Dep. Lovelace Byron 117, fols 49v–48r
29 Oxford, Bodleian Library, Dep. Lovelace Byron 77, fols 218v–217r
30 © Marcin Wichary/Courtesy of the Computer History Museum
31 Oxford, Bodleian Library, Dep. Lovelace Byron 170, fols 100v–101r
32 UCL Library Services, Special Collections, MS ADD 7
33 Oxford, Bodleian Library, Dep. Lovelace Byron 170, fols 12v–13r

34 Private collection
35 Oxford, Bodleian Library, Dep. Lovelace Byron 170, fols 91v and 92r
36 Oxford, Bodleian Library, Dep. Lovelace Byron 170, fol. 11r
37 Oxford, Bodleian Library, Dep. Lovelace Byron 170, fols 5v–6r
38 Oxford, Bodleian Library, Dep. Lovelace Byron 170, fol. 354v
39 Oxford, Bodleian Library, 1811 e.35
40 By permission of the Royal Irish Academy © RIA
41 Oxford, Bodleian Library, Dep. Lovelace Byron 170, fol. 128r
42 Oxford, Bodleian Library, Dep. Lovelace Byron 170, fol. 19v
43 Oxford, Bodleian Library, Dep. Lovelace Byron 170, fol. 143r
44 © Museum of the History of Science, University of Oxford, MS. Buxton 7
45 Science Museum Library/Science & Society Picture Library
46 © Sydney Padua, *The Thrilling Adventures of Lovelace and Babbage*, Particular Books, 2015
47 Magdalen College Libraries and Archives, Daubeny 90.A.11, reproduced by permission of The President and Fellows of Magdalen College, Oxford, Daubeny
48 Oxford, Bodleian Library, Dep. Lovelace Byron 170, fol. 179r
49 Oxford, Bodleian Library, Dep. Lovelace Byron 168, fols 45v and 46r

50 London, British Library, MS. Add 37192, fols 362v–363. © British Library Board. All Rights Reserved/Bridgeman Images
51 © Victoria and Albert Museum, London
52 Ostpreußisches Landesmuseum, Lüneburg/Dr Andras Vieth
53 Oxford, Bodleian Library, Dep. Lovelace Byron 170, fols 176v–177r
54 Wikimedia/Creative Commons
55 Oxford, Bodleian Library, Dep. Lovelace Byron 44, fol. 210r
56 Oxford, Bodleian Library, (Vet.) 177 a.1
57 Oxford, Bodleian Library, Mary Somerville Papers, MS. Dep. c. 367, Folder MSBY-9, fol. 255r
58 Private collection
59 Park Dale/Alamy Stock Photo

索引

Adams, George 乔治·亚当斯 38
Albert of Saxe-Coburg and Gotha Prince Consort 萨克森-科堡公国艾伯特亲王 121

Babbage, Charles 查尔斯·巴贝奇 v, vi, 8, 41, 47-56, 61, 79, 91-5, 104-7, 109, 113-6, 121, 124-5, 127
    Analytical Engine 分析机 v-vi, 79, 91-106, 125
    Difference Engine 差分机 47-57
    Reflections on the Decline of Science in England, and on Some of Its Causes《反思英格兰科学的衰落及其原因》47
    The Economy of Machinery and Manufactures《论机械和制造业的经济》47
Bonnycastle, John 约翰·邦尼卡斯尔 30
British Association for the Advancement of Science 英国科学促进会 5
Brunel, lsambard Kingdom 伊桑巴德·金德姆·布鲁内尔 55
Byron, Ada 埃达·拜伦 1, 11, 13, 15, 20, 21, 33, 38, 41
Byron, Anne Isabella, Lady, née Milbanke 安妮·伊莎贝拉·拜伦夫人，娘家姓米尔班克 v, 2
Byron, George Gordon, 6th Baron 乔治·戈登·拜伦，第 6

代拜伦爵士 1
Childe Harold's Pilgrimage《恰尔德·哈罗尔德游记》1
Don Juan《唐璜》3

Cauchy, Augustin-Louis 奥古斯丁－路易斯·柯西 75
Cayley, George 乔治·凯利 25-26
Chambers, Robert 罗伯特·钱伯斯 121
 Vestiges of the Natural History of Creation《创世自然史的遗迹》121, 125
Claudet, Antoine 安托万·克劳德特 50, 62
Clement, Joseph 约瑟夫·克莱门特 54
Coleridge, Samuel Taylor 塞缪尔·泰勒·柯勒律治 7, 118

Darwin, Charles 查尔斯·达尔文 55, 121
De Morgan, Augustus 奥古斯都·德·摩根 vi, 8-9, 57, 61, 64, 83, 125,
 Elements of Algebra《代数基础》66, 77, 79
 Laws《定律》3, 61, 101, 124
 Principle of Permanence《永恒性原理》79
De Morgan, Sophia, née Frend 索菲亚·德·摩根，娘家姓弗伦德 ix, 56
Dickens, Charles 查尔斯·狄更斯 55

Euler, Leonhard 莱昂哈德·欧拉 109

Faraday, Michael 迈克尔·法拉第 ix, 107
Frend, William 威廉·弗伦德 2, 8, 31, 33, 39, 56,
Fry, Elizabeth 伊丽莎白·弗莱 3

Gasparin, Agénor de 阿盖诺·德·加斯帕林 122
Girton College, Cambridge 剑桥格顿学院 9
Great Exhibition of 1851 1851 年伦敦万国工业博览会（伦敦世界博览会）4, 107
Greig, Woronzow 沃隆佐·格雷格 41, 44, 124

Hamilton, William Rowan 威廉·罗恩·汉密尔顿 78, 81
  quaternions 四元数 81, 83
Haydon, Benjamin Robert 本杰明·罗伯特·海顿 7
Herschel, Caroline 卡罗琳·赫歇尔 39
Herschel, John 约翰·赫歇尔 50, 123
Herschel, William 威廉·赫歇尔 33

Jacquard, Joseph Marie 约瑟夫·玛丽·雅卡尔 91

King, Dr William 威廉·金博士 8, 29

Lamb, Lady Caroline 卡罗琳·兰姆夫人 2
Lamont, Miss (governess) 拉蒙特小姐（家庭教师）11-12, 21
Lardner, Dionysius 迪奥尼修斯·拉德纳 55
Leonardo da Vinci 列奥纳多·达·芬奇 24
Lovelace, Augusta Ada, Countess of, 奥古斯塔·埃达·洛夫莱斯伯爵夫人 v, 41, 122
  born 诞生 1
  taught by Miss Lamont 拉蒙特小姐任家庭教师 11-12, 21
  married William King 嫁给威廉·金 41
  children Byron, Anabella and Ralph 三个孩子拜伦、安娜贝拉、拉尔夫 2
  tutored by De Morgan 德·摩根任指导老师 61-73
  paper published 文章发表 95-106

death 逝世 126
　　Kirkby Mallory memorial 柯克比马洛里的纪念碑 128
Lovelace, William King, 1st Earl of 威廉·金，第 1 代洛夫莱斯伯爵 41-42
　　"Method of Growing Beans and Cabbages on the Same Ground"《在同一块土地上种植豆类和卷心菜的方法》122
　　"On Climate in Connection with Husbandry"《论气候与农业的关系》122

Martineau, Harriet 哈丽特·马蒂诺 5, 44
　　England and Her Soldiers《英格兰和她的士兵们》（with Nightingale）（与南丁格尔合著）5
Marx, Karl 卡尔·马克思 47
mathematics 数学
　　Bernoulli numbers 伯努利数 87-88, 95-97, 100, 102, 105, 107
　　complex numbers 复数 80, 81, 83
　　divergent series 发散级数 85
　　Euclidian geometry 欧几里得几何学 6, 39
　　Konigsberg Bridge Problem 哥尼斯堡桥问题 109, 113
　　Logarithms 对数 69, 71
　　magic square 魔术方阵 112, 115
　　method of finite differences 有限差分法 51
　　peg solitaire 孔明棋 116-117
　　Pythagoras' theorem 毕达哥拉斯定理 33, 36-38, 112, 114
　　quaternions 四元数 81, 83
　　rule of three 三数法则（等比关系）17, 20
　　Tit-tat-to 115-116
Mechanics' Magazine《机械杂志》25

Menabrea, Luigi 路易吉·梅纳布雷亚 v, 95, 97
Merian, Matthias 马提亚斯·梅里安 109
Milbanke, Sir Ralph 拉尔夫·米尔班克爵士 2
Mill, John Stuart 约翰·斯图尔特·密尔 3
Montgolfier, Joseph-Michel and Jacques-Étienne 蒙戈尔菲耶，约瑟夫－米歇尔和雅克－艾蒂安 24
Mote, William Henry 威廉·亨利·莫特 3

Newton, William John 威廉·约翰·牛顿 3
Nightingale, Florence 弗洛伦斯·南丁格尔 5

Orsay, Count Alfred d' 阿尔弗雷德·德奥赛伯爵 11

Padua, Sydney 西德尼·帕多瓦 94
Pestalozzi, Johann Heinrich 约翰·海因里希·裴斯泰洛齐 3, 14, 29, 44
Phillips, Henry Wyndham 亨利·温德姆·菲利普斯 127
Poinsot, Louis 路易斯·普安索 113
Priestley, Joseph 约瑟夫·普里斯特利 3
Purser, Sarah 萨拉·珀瑟 78

Quetelet, Adolphe 阿道夫·奎特莱 122

Redgrave, Richard 理查德·雷德格雷夫 12
Royal Astronomical Society 皇家天文学会 39
Royal Statistical Society 皇家统计学会 122

Sargent, Frederick 弗雷德里克·萨金特 42
Somerville, Mary, née Fairfax 玛丽·萨默维尔，娘家姓费尔法克斯 vii, 9, 39, 41-42, 121, 125,

translation of *Mécanique Céleste*《天体力学》英译本 41
Somerville College, Oxford 牛津大学萨默维尔学院 vi-vii, 8
Sturge, William 威廉·斯图奇 7

Toothill, Geoff 杰夫·图吉尔 100
Trevithick, Richard 理查德·特里维西克 4
 'Puffing Devil' "喷气魔鬼" 4
Turing, Alan 艾伦·图灵 91, 103
 'Lady Lovelace's objection' "洛夫莱斯夫人的异议" 103

University College, London 伦敦大学学院 61

Westall, Richard，理查德·韦斯特 1
Wheatstone, Charles 查尔斯·惠斯通 57, 95
Whewell, William 威廉·休厄尔 121
World Anti-Slavery Convention 世界反奴隶制大会 7

图书在版编目（CIP）数据

埃达·洛夫莱斯：史上第一位程序员／（英）克里斯托弗·霍林斯，（英）厄休拉·马丁，（美）阿德里安·赖斯著；柯遵科，单雯译．—北京：商务印书馆，2021
ISBN 978－7－100－19620－8

Ⅰ. ①埃… Ⅱ. ①克… ②厄… ③阿… ④柯… ⑤单… Ⅲ. ①埃达·洛夫莱斯—传记 Ⅳ. ①K835.616.16

中国版本图书馆CIP数据核字（2021）第045547号

权利保留，侵权必究。

埃达·洛夫莱斯：
史上第一位程序员

〔英〕克里斯托弗·霍林斯
〔英〕厄休拉·马丁　　　　著
〔美〕阿德里安·赖斯
柯遵科　单雯　译

商　务　印　书　馆　出版
（北京王府井大街36号　邮政编码100710）
商　务　印　书　馆　发行
北京中科印刷有限公司印刷
ISBN 978－7－100－19620－8

2021年8月第1版	开本 880×1240	1/32
2021年8月北京第1次印刷	印张 5	

定价：49.00元